穷养男孩，
其实是让他能吃苦

马利琴 / 著

台海出版社

图书在版编目（CIP）数据

穷养男孩，其实是让他能吃苦 / 马利琴著 . -- 北京：
台海出版社，2018.7

ISBN 978-7-5168-1968-5

Ⅰ．①穷… Ⅱ．①马… Ⅲ．①家庭教育 Ⅳ．① G78

中国版本图书馆 CIP 数据核字 (2018) 第 135999 号

穷养男孩，其实是让他能吃苦

著　　者：马利琴

责任编辑：戴　晨　　　　　　装帧设计：末末美书

装帧设计：末末美书　　　　　责任印制：蔡　旭

出版发行：台海出版社

地　　址：北京市东城区景山东街 20 号　邮政编码：100009

电　　话：010 － 64041652（发行，邮购）

传　　真：010 － 84045799（总编室）

网　　址：www.taimeng.org.cn/thcbs/default.htm

E-mail：thcbs@126.com

经　　销：全国各地新华书店

印　　刷：天津中印联印务有限公司

本书如有破损、缺页、装订错误，请与本社联系调换

开　　本：170mm×240mm　　　　1/16

字　　数：185 千字　　　　　　　印　　张：16

版　　次：2018 年 7 月第 1 版　　印　　次：2018 年 7 月第 1 次印刷

书　　号：ISBN 978-7-5168-1968-5

定　　价：45.00 元

前 言

男孩该怎么养？在独生子居多的今天，这已经成为困扰很多家长的最大问题之一。早在 2300 多年前，古希腊伟大的哲学家柏拉图就告诉过我们："在所有的动物中，男孩是最难控制和对付的。"的确如此，与女孩比起来，男孩的确令人不省心。

多数男孩喜欢和家长顶嘴、好动，喜欢做恶作剧、不讲卫生……可是，所有的这一切，都丝毫不影响家长对儿子的爱。那么，怎么样才能教育好儿子呢？在我国一直有一句格言："男孩要穷养，女孩要富养。"穷养对于男孩来说，是其受益一生的财富，是促使男孩竞争、奋斗、忍耐的最佳动力，也是锻炼男孩的坚韧性格和抗挫能力的主要手段。

在成长的道路上，必然会经历风风雨雨，尤其是作为男孩，长大后面临的责任更多，这就需要男孩长大后，具有足够的抗挫能力、交往能力、责任承担能力、独立动手能力以及超前的自信和高尚的品质等。在这种高需求的标准下，如果将儿子放到温室中去养，必然会失败。

温室中培养出来的男孩，是经不起风风雨雨的，更无法承受更大的压力，这样的男孩，长大之后，必然无法承担家庭和社会赋予他的责任。相反，只有将男孩穷养，特别是让男孩在小的时候，体会一下穷的滋味，才能不断激励他们前进，从而使其为自己的美好未来而不断努力。

张载在《西铭》中说："贫贱忧戚，庸玉汝于成。"意思是：贫穷卑贱和令人忧伤的客观条件，可以磨练人的意志，使人成功。因此，要想让男孩长大后有所作为，就一定要让男孩在小时候尝尝"苦"的滋味，给男孩一段艰苦的经历。因为对于男孩来说，只有勇敢面对生活中的苦难，并迎难而上，想尽一切办法去克服，才能成为最后的赢家。

当然，所谓的穷养儿子，并不是让男孩节衣缩食，在物质上受苦，更重要的是让男孩对"苦"有一个亲身感受，从而磨炼男孩的意志，让男孩明白生活的艰辛，拥有较强的毅力，并且培养独自生活能力。

很多男孩的优秀品质，都是在穷养的过程中形成的，例如：艰苦朴素、正直善良、勤俭节约、抗挫能力强等。这些优秀的品质，是男孩不断成长的资本，会令其受益一生。本书从穷养的角度出发，全面而深刻地诠释了穷养男孩的真谛，向各位家长详细讲解如何培养一个坚强、勇敢、有修养、有绅士风度的男孩，值得家长们借鉴。

目录

第四章　勇气：有勇气的男孩会心想事成

第五章　耐劳：不怕劳动的男孩才能真正拥有幸福

第六章　乐观：悲观永远都不会跟乐观的男孩连在一起

第七章　尊重：帮助别人的人方能得到别人的尊重

第八章　宽容：能忍能让真君子，能屈能伸大丈夫

第九章　感恩：感恩的回馈会让男孩的生命更加精彩而富足

第一章

独立：越早独立的男孩越能成为男子汉

自己动手——鼓励男孩自己动手，他的成就感会更强烈

　　尽管当下年轻家长的教育理念越来越开明豁达，但对于男孩的早期教育更多地还停留在知识学习和兴趣培养上，更别说直接面对眼前这个懵懂娇弱的小不点了。一不小心就把"不，你不可以""我来，我来"放嘴边了。可是，家长事事包办，只能让男孩失去自己动手的机会，对男孩的成长非常不利。

　　尤其是对于男孩来说，长大意味着更大的责任，他们比女孩更需要自理，照顾好自己，更需要学会在社会中生存。这才是教育男孩的根本立足点。所以，要想让男孩独立，就要鼓励他们自己动手。

　　晓晨非常懒，今年已经 7 岁，可他却连衣服都不会穿。每天早晨醒来后，他就乖乖地坐在床上，等着奶奶给他穿衣服、穿鞋，为什么会这样呢？这还要从他小时候的经历说起。

　　晓晨两三岁的时候，对生活中的一切事情都充满了好奇，总是要求自己动手做事情，可是奶奶总是说："晓晨乖，你现在还小，还不能自己做这些事情，奶奶先帮你做，等你长大了再自己做，

你现在只要乖乖地坐好就行了。"

　　慢慢地，晓晨就不再要求自己做事情了，因为即使自己不动手，奶奶也会把一切都给他安排好，所以他只要好好地享受这一切就行了。慢慢地，他变得越来越懒了。

　　例子中，晓晨已经是一个7岁的大男孩，可是连最基本的穿衣、穿鞋都不会，这是他太笨吗？不是！而是因为在他自己想要动手做事情的时候，被奶奶阻止了，才错过了自己动手的最好时机。

　　俗话说："家长的勤劳就会造就男孩的懒惰。"这句话说得一点儿也没错。如果家长把男孩生活中的一切事情都安排得妥妥当当，他就不用自己去做任何事情了，慢慢地就会养成懒惰的习惯；如果家长在男孩做作业的时候总是为他写出答案，他就不用自己动脑筋去思考了，他的思想也就会变得越来越懒惰。

　　孩子都是家长的宝贝，为了体现自己对他们的爱，有些家长会为儿子准备好一切，甚至连最基本的穿衣、穿鞋、吃饭等都要为他服务到位。家长如果经常这样做，就将男孩亲自动手劳动的权利剥夺了。男孩亲自动手做事情的机会，慢慢就会养成"衣来伸手，饭来张口"的坏习惯。

　　家长不可能一生一世都陪在孩子身边，现在事事都包办，将来他离开家长、独自生活时，就会变得无所适从。如果真的到了那一天，他们怎么能够管理好自己的生活，怎么能够应对激烈的社会竞争，又怎么能够成为家人的依靠？所以，爱儿子，就要给他动手做事的机会，让他学会自己的事情自己做。

　　◆不要过早地剥夺男孩自己做事的权利

　　每个男孩都有自己想要动手做的事情，家长要努力抓住这个阶段，给他提供亲自实践的机会。觉得他年纪小，就什么都不让他做，会剥夺他自己做事的能力。错过了这个时机，男孩就会慢慢地养成懒惰的坏习惯，长大后，家长如果再想让他自己做什么事情，就会非常困难。

> 有一天，奶奶生病了，给小杨做好饭后就躺到了床上。
>
> 小杨饿了，想吃饭，可是不会自己吃，就喊奶奶。奶奶说："今天奶奶不舒服，你自己吃吧。"
>
> 小杨却撅着小嘴说："我才不自己吃呢，我从来没有自己吃过饭，那我就饿着好了。"
>
> 奶奶听完孙子的话，心里一阵难受，她想：孙子这么大了什么事都不会做，也不愿意学，这都是因为我以前觉得他小，事事都替他安排好，他才慢慢地变得这么依赖我。奶奶想到这里，十分后悔。
>
> 在主动做事情的时候，奶奶觉得他年纪小，什么事情也不让他做。慢慢地，小杨变得越来越依赖奶奶，越来越懒惰，现在居然连自己吃饭都不会。

案例中，小杨之所以对生病的奶奶无动于衷，就是因为奶奶包揽了他生活中的一切，他没有亲自动过手，什么都不会做。这就告诉我们，家长一定要注重对男孩动手能力的培养，不要过早地剥夺他们动手做事情的权利；一定要让男孩养成自己的事情自己做的习惯。什么事情都替他做好，不仅不利于男孩的独立，更不利于男孩的自立。

分不清什么事情是孩子可以做的、什么是家长应该做的，以至于把所有的事情都大包大揽过来，亲自替儿子处理好了一切。这样下去，男孩就会变得什么事情都不愿意做，什么事情都不会做，就会更加依赖家长。当他需要自己做事情的时候，就不知道从何下手了，甚至干脆不做，把所有的事情都推给家长。一旦如此，就异常可悲了。

◆ 多给男孩动手的机会

在生活中，家长不要总是事事都替男孩安排好，你们越勤劳，他就会越懒惰，对待儿子不妨变得"懒"一点儿，多让他们动手，让他们做一些力所能及的事情。因为，只有在生活中多动手，多实践，男孩的动手能力才能不断提高，才能学会独立生活。所有的事情都被家长安排好了，他们只会心安理得地享受这一切，一旦离开家长，就什么都不会做了。

小潮非常喜欢自己动手做事情，这与爸爸妈妈对他的教育是分不开的。

小潮第一次自己穿鞋带是在他 4 岁的时候。那天，妈妈没在家，爸爸想带他出去玩，可是妈妈给他买的新鞋还没有穿上鞋带。小潮拎着自己的鞋，对爸爸说："爸爸，你给我穿鞋带吧。"

可是，爸爸并没有拿过鞋给他穿鞋带，而是把自己的鞋给了他，笑着说："儿子，你看爸爸的鞋带是怎么穿的，你自己动手试试，等你穿好，我们一起去公园。"

小潮以前从没有自己穿过鞋带，想尝试一下，于是就高兴地答应了。

小潮模仿着爸爸的鞋带穿法，认真地在那里一个孔一个孔地穿。半个小时过去了，鞋带终于穿好了。

他拿给爸爸看，爸爸一看，穿得还不错，便竖起大拇指说："儿子你真棒。走，我们出去玩吧。"

后来，小潮总会要求自己动手做一些事情，慢慢地，他的动手能力越来越强了。

案例中，在小潮要求爸爸帮他穿鞋带的时候，爸爸并没有帮他穿，而是借此机会锻炼了他的动手能力。虽然这只是生活中的一件小事，却对小潮起到了很好的教育作用。平时家长一定不要放过这些生活中的小事，要通过点滴小事培养男孩的动手能力。

在照顾男孩的日常生活中，家长要有一种适度意识，事事都大包大揽，男孩就会缺乏生活自理能力，即使将来进入了社会，也会因为无法适应社会的激烈竞争而被社会淘汰。到那时，男孩就会抱怨家长，就会将所有的责任都推到家长身上。这样的男孩是家长想要的？当然不是！任何家长都希望自己的儿子是独立的。所以，家长一定不能一味地做儿子的保姆，而应该给他们提供动手的机会。

依靠自己——引导男孩独立解决问题，学会依靠自己

现在，大部分男孩都是独生子，很多都有依赖思想，让男孩在独立能力上越来越欠缺。如果想让男孩独立，就要给男孩自己提出问题和解决问题的权利，而不是把男孩的问题变成自己的问题，通过自己的双手为其解决。要引导男孩独立解决问题，让他们学会自己的问题自己去解决。在解决这些问题时，家长可以给男孩一些意见或者帮助，但始终要坚持的一点是：必须让男孩自己解决。

杜洋今年七岁，是一名小学生。一天，当他跑上楼梯的时候，已经上课了。同学们都安静地坐在教室里，老师已经站到了讲台上。杜洋喊了报告，然后走到自己的位置上，发现没有椅子，于是他就站在那里等。课间，杜洋和同学一起玩游戏，同学不小心将他的书撞到了地上，并且踩了上去，杜洋哇哇大哭，跑到老师面前，一边哭一边说："老师，我的书被xx踩坏了……"

小冬也是一个七岁的小男生，受到家长的影响，却是个十足的行动派。一次，他不小心弄掉了家门钥匙，便在一张纸上画上

了钥匙的样子，还附了一份寻物启事："我钥匙丢了，有拾到者，请与一年级三班小冬联系。"

杜洋和小冬是两个相反的典型。杜洋遇到问题的时候，不懂解决，只会依靠老师；而小冬却自己想办法，独自解决。遇到小冬的情况，换成一般的男孩，肯定会求助于老师或家长："老师，我的东西丢了。"而小冬在求助于大人前，先考虑用自己的力量去解决问题。问题解决不了，它才会向大人求助，但他在此之前表现出的不怕麻烦、勤于动脑的精神风貌，是值得每一个男孩学习的。因此，在幼儿的时候就应该培养男孩自我解决问题的能力。比如，儿子弄倒了玩具箱，撒了一地的玩具，不能只顾自己收拾，应该教儿子自己处理。

一直将儿子的事情扛在肩膀上，不但无助于他们能力的增长，也会让自己感觉疲累。虽说男孩是我们最甜蜜的负担，但是如果能够引导男孩自己处理问题，进而帮助他们发展这样的能力，随着男孩渐渐长大，他们不但处理能力会逐渐增加，家长也可以渐渐卸下重担。

每个人都是解决自己遇到的问题的专家，大人如此，男孩也是如此！只是男孩因为发展较不成熟，需要较多的引导。将自己看成是引导与带领甚至陪伴儿子的人，不仅能促进儿子的问题处理能力，大人的压力也会同步减轻。

◆引导男孩树立独立自主的观念

要想让男孩养成独立解决问题的习惯，首先就要从男孩的思想入手，引导男孩具备独立自主的观念。这样，男孩才能从思想上认识到独立解决问题的重要性。

　　小于的爷爷是一位非常有名的作家，小于爸经历了生意失败的挫折后，也想像老爸一样从事写作工作。

　　小于爸写完他的第一本书后，全家人都非常高兴。他把书稿投给了几家出版社，结果都被退了回来。但是他没有灰心，一遍又一遍地修改自己的书稿。

　　后来，妻子对他说："要不你就在你的书稿后面附上一封信，上面写上咱爸的名字，让出版社了解你们俩的关系，这样你的稿子可能就会被出版社录用了。"

　　小于爸听完妻子的话，强烈反对，说："借着爸的名义，多半都能将这本书出版了，但我能依靠爸一辈子吗？我要靠自己的能力。"妻子听完，感到非常惭愧。

　　这时候坐在旁边的小于说："我支持爸爸的想法，以后我也要像我爸一样，做一个不依赖别人的人。"

　　最后，小于爸的书稿终于出版了，而且销量还很好，后来也成为非常有名的作家。

　　例子里，小于爸用自己的行动教会儿子：要独立解决问题，首先就要从思想上独立，如此才能取得更大的成功。总想依靠别人，是不会有什么大作为的。

　　法国作家罗曼·罗兰曾经说过："要撒播阳光到别人心中，总得自己心中有阳光。"这句话说得非常有道理。要想培养男孩独立解决问题的能力，自己首先要做到独立自主，给男孩树立一个好榜样。如此，他们才能在潜移默化影响下，慢慢地变得独立起来。

　　独立解决问题能力是每个人在社会中生存和发展的重要能力之一。对于独生子来说，更需要拥有这种能力，因为他们担负着更大的责任。所以，家长一定引导男孩提高认识，提高独立解决问题的能力，让男孩在以后的成长道路中依靠自己解决各种问题。

◆不要轻易向他人寻求帮助

要想为男孩树立一个独立自主的好榜样，首先就要做到自己能够做的事情自己做，绝不能依靠别人的帮助。

小祥今年 6 岁，生长在一个知识氛围浓厚的大家庭里，外公是大学教授，外婆是小学教师，爸爸妈妈都是中学教师。现在外公外婆已经退休了，在家里照顾小祥。可是，由于家里就只有一个小祥宝贝，所以他们很娇惯他，什么事情都舍不得让他做。

因为工作原因，小祥妈需要继续深造，拿到更高的学历，准备参加成人自学考试，每天晚上都会学习到很晚；而且，由于离开校门已经很长时间，所以学习的过程中总会遇到很多问题，有时她会因为一道难题而琢磨好长时间。

一次，小祥对妈妈说："妈妈，您为什么不去问外公呢？外公可是大学老师啊。"

妈妈笑着对小祥说："妈妈想靠自己的力量学会这些知识，只有独立解决了这些问题，才能把这些知识掌握得更扎实。总是依靠外公，考试的时候遇到难题，怎么办呢？"

小祥想了想说："妈妈说得对，以后我也要像妈妈一样，独立解决学习中的问题。"

小祥妈每天都很忙，衣服只能堆到周末洗。一次，妈妈洗衣服的时候，小祥问："您为什么不让外婆给你洗衣服？我的衣服都是外婆给洗的。"

妈妈说："我是大人了，应该自己的事情自己做，不能总是依赖外婆，你以后也要向妈妈学习啊。"

小祥使劲儿地点点头。片刻之后，他就跑到房间里把昨天晚上的袜子拿了过来，学着妈妈的样子洗起来。小祥在妈妈的影响下，变得越来越独立了。

在妈妈的影响下，小祥无论在学习上，还是在生活上，都逐渐养成了独立解决问题的好品格。

家长是男孩的第一任老师，所以一定要努力为男孩树立一个独立解决问题的好榜样，让他在榜样的力量下不断提高自己解决问题的能力，慢慢做一个独立自主的人，更好地生活，担负起自己作为男子汉的那份责任。

独立思考——学会独立思考，依赖、盲从的男孩不会有出息

家长都特别重视儿子的学习，每次他们做作业的时候，有些家长就会直接在旁边做他的"军师"。慢慢地，当儿子遇到不懂的问题的时候，他就不会自己动脑筋思考了，总想先向坐在旁边的家长寻求答案，让家长帮自己解决问题，而很多家长也非常愿意帮儿子赶走学习中的拦路虎。很多时候，家长赶走拦路虎的方法并不是通过积极地引导，让男孩一步一步地自己思考问题的答案，而是直接告诉他答案。如此，慢慢地男孩就会养成不愿意思考问题的习惯。事实证明，男孩思考能力的高低与家长有着很大的关系，家长一定要让男孩减少依赖和盲从，学会独立思考。

小程是三年级的小学生，做作业时总喜欢让爸爸或妈妈坐在身边，不喜欢让奶奶坐在旁边，因为爸爸妈妈可以帮他解决难题，而奶奶不会做。遇到难题时，小程就会直接问坐在旁边的人："快告诉我这道题怎么做，这道题太难了，我不会。"爸爸妈妈看完以后，通常都会笑着说："这道题你只要这么做就行了。"之后，爸爸妈妈就会将解题过程完完整整地写到草稿纸上；有时小程还

会让大人将最后的得数直接算出来。结果，小程变得越来越懒，以至于学习中出现了一种怪现象：平时作业完成得不错，考试成绩却不理想。

例子中，小程在学习的过程中之所以会出现这种奇怪的现象，与家长对他的错误教育方式是分不开的。每次遇到难题的时候，家长并不是对他进行正确的引导，让他通过自己的思考一步一步地解决难题，而是把答案完完整整地写给他，这样他就不会再动脑筋思考问题了，就会变得越来越懒。

不要再继续抱怨自己的儿子不爱动脑筋、懒得思考了，与其不停地抱怨，不如改变教育策略，让男孩自己动脑想办法、解决问题，如此不仅可以提高男孩的思考力，还能提高他们的独立生活能力。

◆**给男孩创造一个独立思考的机会**

孔子曾经说过："学而不思则罔。"这句话说明了学习与思考的关系，强调了思考的重要性。翻开历史，我们可以发现，几乎所有的科学人才都有超出常人的强烈好奇心，如居里夫人、爱迪生、达尔文等都从幼年时期就有了相当强烈的好奇心。当男孩头脑中出现疑问时，便会开始一连串的"为什么"，正确引导男孩，不压抑他们的好奇心，男孩的求知欲必定会越来越旺，而男孩的好奇心正是独立思考的开始。

林英豪曾获国际数学奥林匹克铜牌奖及亚太数学奥林匹克银牌奖，从小家长就为他提供了许多思考能力的训练机会。在好奇心的驱使下，他总喜欢问个不停，林先生夫妇则会常针对儿子的提问，教他一些常识，从日常生活中搜集教材，通过巧妙安排，培养他的思考能力。

通常，林英豪出现疑问时，林先生夫妇都会让他想一想，不会直接给他答案。偶尔遇到难解决的问题，稍一提示，林英豪也就想通了；如果确实想不出办法，家长才会将答案告诉他。

经常提出问题让男孩去解决，可以让他们从中多思考、多探索，寻求多种途径和方法开拓思路，从各种解决问题的可能方法中，找出最好的答案来。

伟大的物理学家爱因斯坦说："学会独立思考和独立判断比获得知识更重要。"家长将一切事物都安排得妥帖周到，从来就没有什么事需要男孩自己去考虑、去想办法、去解决、去处理。表面上看起来，对男孩都是百般呵护，不让男孩做任何事情，看似爱儿子，其实是在害他。

对于男孩来说，动手的机会少，动脑也会少，独立思考的能力得不到锻炼，不仅不利于学习，还会扼杀男孩的思考能力，更谈不上解决问题的能力了。因此，家长要给男孩创造一个思考的空间，逐渐培养男孩独立思考的习惯。

◆ **正确地对待男孩的学习**

要培养男孩独立思考问题的习惯，就不要总是帮着他做作业。遇到难题，总是将答案直接给儿子，他就会对家长形成依赖；再次遇到难题的时候，他们就会首先想到家长，而不是自己独立去解决。因此，要正确对待男孩的学习。

看到小硕在学习的过程中总是懒于思考，总是依赖他们的帮助，爸爸妈妈就对自己的教育方式进行了反思。后来，夫妻俩一致决定：以后小硕再遇到难题，不会直接给他写出答案了，而是先让他自己想一想。

晚饭后，小硕又让妈妈陪着自己做作业。妈妈没有像过去那样坐在一旁看着小硕做作业，而是拿起一本书，坐在旁边的椅子上阅读。小硕遇到不懂问题的时候，又来问妈妈。妈妈说："再自己好好想想，我觉得这道题不太难，相信你只要好好动动脑筋，肯定能做出来。"

小硕回到了自己的座位上，努力思考。可是想了半天，他还是没有做出来。他又跑来对妈妈说："妈，你就告诉我答案吧，以前每次都是这样的。"

妈妈说："以后你要学会自己思考问题，我可以帮你分析，给你一些指导，这样你的学习成绩才会越来越好，知道吗？"小硕说："哦，那好吧。"

妈妈一步一步地帮小硕分析，对他进行正确的指导，小硕跟着妈妈的讲解慢慢思考，最后一起把这道题做出来了。看到自己能把难题解决了，小硕感到很成就感。

后来，再遇到难题的时候，小硕就会先按照妈妈教的方法自己思考，实在想不出来，就跟妈妈一起讨论，在妈妈的指导下，把难题解决掉。慢慢地，小硕的思考能力得到了提高，作业质量也大大提高，考试成绩逐渐提高。

案例中，家长改变了对小硕的教育方式，不断培养和锻炼他思考问题的能力，遇到问题的时候，小硕首先想到的就是自己去解决，而不是依靠家长的帮助，如此学习成绩也就能慢慢稳定了。

男孩的懒惰不仅表现在行为上，还会表现在思维上，家长事事都替男孩安排好，他们就懒于动脑了。当然，如果男孩确实养成了懒惰的坏习惯，也不要着急，只要给予正确的指导，就能慢慢地改掉这个坏习惯。

懂得选择——学会选择，让男孩做自己喜欢的事

在我们身边，很多男孩从小就被家长教育要"听话"，很多家长都将"听话"当作男孩的优点。但是，听话的男孩可能只是盲从；长大以后，多半都会存在很大的依赖心理。

男孩是个独立的个体，在他的人生道路中，扮演着"主人"的角色，这是谁也无法替代的。既然如此，作为家长就要赋予男孩自主选择的权利，让他成为自己生命的真正主宰者。

小浩已经上初中了，却还做事没主见，不论遇到什么问题，都要妈妈帮他拿主意。这也难怪，小浩从小到大，什么事都是妈妈给安排好，什么决定都是妈妈帮他拿，就连吃什么饭，穿什么衣服，妈妈都帮他打理好了。妈妈甚至还对他说："你什么心都不要操，只要把全部心思放在学习上就行了。"结果，妈妈的包办使小浩没有过多的选择机会，让他成了一个没有主见的男孩。

小浩由于成绩比较好，很多同学支持他竞选班长，小浩拿不定主意，不知道该不该参加竞选，放学回到家又让妈妈替他拿主

意。妈妈问他："你是怎么想的？"

小浩说："我想参加，锻炼一下自己的能力，也能为班级做点贡献。可是也怕竞选不上没有面子，又怕影响学习，当然也有其他一些因素要考虑，妈妈替我做决定吧，我听你的。"

妈妈说："这样好不好，咱们拿一张纸，全面考虑一下，一边列上参加竞选的好处，一边列上坏处，然后看看哪边占的分量大，你就按哪边的做吧。"

妈妈和小浩忙乎了一阵子，得出了结论，还是参加竞选比较好。最后，小浩决定去参加竞选。

小浩最大的错误，就是不懂得自己选择。

怕儿子选择错误，从来不给他们选择的权利，不让他们去做选择，他们就会失去选择的机会，一旦遇到需要选择的情况，就拿不定主意，只能听从家长的决定。

有些家长在处理儿子的事情时，认为"儿子还小，什么也不懂，还是我决定吧"。其实，儿子也有自己的判断，若他们的个人判断得不到家长的关注和尊重，独立意识就会被抑制，自信心也会受打击，还可能对自己产生消极的评价，长大以后就会缺乏判断和选择力。到那时，即使家长想让他自己做决定，这种意识和能力恐怕也跟不上了。

男孩小时候的不听话，有时是其要求独立自主的表现。儿子不可能一直生活在家长的庇护里，家长要试着放开手，让他们自己走，锻炼他们的心智和能力，让他们自己判断，让他们自己选择，成为可以独当一面的人。

◆鼓励男孩自己做选择

家长肯放手让男孩自己去思考、自己做决定，他们就会让家长惊喜于自己的成长。所以要想提高男孩的独立性，家长就要适当放手，让他们自己去做选择，家长只要信任他、尊重他即可，不要横加干涉。一定要相信，男孩会在家长的信任中成长起来。

　　2001 年冬，作家聂鑫森去北京参加中国作家代表大会，住在奥林匹克饭店，离儿子读书的地方不算太远。儿子到饭店来看过他几次，有一次是和外甥许卓仁、侄女易慧一起来的。他们一起吃饭，喝啤酒，聂鑫森显得有些闷闷不乐。

　　在聂鑫森将离京返湘的前一天，儿子来为他送行。宿舍里，儿子很久都没有说话，聂鑫森耐心地等待着。

　　终于，儿子下定了决心，说："爸爸，我想跟你商量一件事。"

　　他说："你说吧。"

　　儿子说："我不想在北京读书了。"

　　聂鑫森大吃一惊，但很快就镇静下来了，温和地问："为什么？"

　　"爸，我想学中文，新闻课程……可学的东西不多，真的。我想重新参加明年的高考，然后好好地读几年书，打牢基础。"

　　"可北京的时光就白浪费了。"

　　"不，没有白费，我认识了不少人，积累了不少的生活经验，我想，对于写作是有用的。"

　　聂鑫森又一次点了点头，他觉得儿子的决定不是草率的，他能下这样的决心，从心底里说他是欣赏的："好，离高考还有几个月，你就拼此一搏吧。"

　　儿子灿烂地笑了。

寒假，儿子把所有的行李都带回来了，进入一个高考强训班，开始了他人生一场真正的拼搏。几个月过去，儿子信心满怀地又一次参加了高考，最终被湖南文理学院中文系录取。

案例中，儿子想放弃新闻专业的学习，重新学习中文，聂鑫森非常开明，尊重儿子的这个决定。

一个人的主动性往往是从内心产生的，被强迫去做一件事情，常常是口服心不服，积极性也不高；如果是自己经过考虑后做出的决定，就会坚持不懈地去追求，直到成功。家长一定要深刻明白这个道理，在对待男孩的事情时，千万不能强迫他们，要让他们自己做出判断。

关于这一点，篮球健将乔丹的母亲深有体会地说："在放手过程中，最棘手、最不放心的问题，是让儿女自己追求自己的梦想，自己做出事关终身的决定，选择与我为他们确定的不同的发展道路。"事实上，在选择过程中，家长虽然不能替男孩作决定，但可以给男孩分析各方面的情况，让男孩充分考虑各种情况再作决定。一旦经过认真考虑后做出了决定，家长就要表示支持，因为男孩会为自己的选择而奋斗。

◆遇到事情让男孩自己拿主意

在男孩遇到事情时，要引导他们做个处事果断的人，自己拿主意。家长不要用自己的意见来代替男孩的意见，即使你是儿子最亲的亲人，也不行。

周末，爸爸妈妈商量要出去玩，刚开始的时候，妈妈说："我们去游乐园玩吧，去那里也很方便，还有很多好玩的东西。"丈夫和儿子都同意了。

过了一会儿，妈妈又说："咱们还是去景区旅游吧，那样全家人都能到大自然中放松一下，这对身体很有好处。"考虑到妈妈的感受，丈夫和儿子又同意了。

等到第二天早上，妈妈又改主意了，又说要去游乐园，弄得丈夫和儿子都不知道该怎么办了，儿子简直就要急得蹦起来。这时候，丈夫说："你总是这么犹豫不决，哪里都去不了了，我做主吧，我们全家去游乐园玩。游乐园也能够让我们都得到放松，而且儿子也喜欢去游乐园玩。"

儿子笑着说："还是爸爸做事果断，我以后要向爸爸学习，做一个能做主的人。"

最后，一家三口都高高兴兴地去了游乐园，而且玩得非常开心。

案例中，妈妈做事犹豫不决，而丈夫却用自己的行为教会了儿子做事情要果断。总是犹犹豫豫，什么事情都做不好。遇到事情需要表态或做出选择时，很多男孩都会显得犹豫不决、优柔寡断。事实上，男孩在稍稍懂事的时候开始，就期待着自己能够独立地做出自己的选择——自己选择玩具、选择图书、选择小伙伴等。长期剥夺男孩自主选择的权利，让男孩与这样良好的锻炼机会擦肩而过，必然会造成严重后果。

遇到困难和挫折的时候，男孩首先想到的不是依靠自己的智慧与能力予以解决，而是期望于家长和老师的帮助。一旦所依赖的人不能再替他包办一切时，他就会陷入不知所措的境地。所以，家长一定要具备培养男孩独立选择的意识，改变自己陈旧的"一切包办"做法，放开手让男孩去独立行使他的选择权和决定权，也许还会有惊喜的发现。

第二章

信心：自信的男孩能够征服身边的一切

你很重要——让男孩知道被人需要，是提高自信心的好方法

每个人都在寻求得到归属和实现自我价值的方式，如果男孩认为自己没有人爱或没有归属，他们就会尝试一些方法来赢回别人的爱，或者会为了搞定某件事而伤害别人。

人们都需要归属感和自我价值感。有时候，男孩会放弃做某件事，因为他们认为自己不可能把事情做好并得到归属。当男孩觉得自己没有人爱或需要的时候，他们的自信心就会受挫，因此如果想让他们相信自己，就要让他们知道：人们都需要他。

每次和丈夫带儿子小冉去参加聚会，他都嚷着说不去，王女士总要讲大半天道理，他才勉强答应。可是到了聚会上，儿子依然绷着脸谁也不理，还一个劲儿催促他们回家。这儿子真不懂事！

其实，在小冉的心里，又是另外一番感受，他说："我不喜欢跟爸爸妈妈去参加聚会，要跟很多不认识的人打招呼，还没人跟我玩，真没意思。我好难过，觉得爸爸妈妈根本不在乎我。"

平时在家的时候，爸爸和妈妈商量什么事儿，小冉也都喜欢

掺和进去。一次，爸爸和妈妈商量假期去哪里旅游，小冉突然说要去美国，因为他有一个好朋友去过了，很好玩。美国是那么容易就去的吗？妈妈听了很生气，说道："什么都不懂，别掺和！"小冉听后非常委屈，噘着嘴跑到一边生气去了。

家长尊重男孩的意见，首先会让他们感觉到自己与家长虽然在家庭中的角色不同，但人格上是平等的，由此就能发展出不惧怕权威、平等待人的美好品格；其次，男孩会感觉自信，即使提出的意见不被采纳，也是有价值的，这种信念反过来会使男孩的力量感越来越强。

如果今天我们不给男孩表达意见的机会，那么明天他可能就会习惯于忽略自己的意见，觉得自己不重要，甚至不相信自己。因此，为了让男孩健康长大，为了让他们按照内心的意愿创造想要的生活，就要从现在起，让男孩意识到他的意见很重要，慢慢地激发他聆听自己的内心声音，继而提高自信心。

关于男孩的事情，比如穿什么衣服、选什么玩具等，只要在合理范围内（比如多少钱以内），都可以由他自己决定。还有一些事情，即使不能由男孩自己决定，比如学校的选择，也可以将他的意见考虑进去。当男孩发表意见时，即使最终没采纳，家长也要表现出尊重和欣赏，要努力创造一种开放的氛围，为男孩内在力量的增长提供适合的土壤。

◆即使男孩的成绩微不足道，也要重视

和成年人一样，男孩也希望自己受到重视，希望自己成为他人的焦点，希望自己的一言一行能引起他人的注意，希望能时常得到他人的赞誉。男孩之所以有这些精神上的需求，是因为男孩的自尊是建立在受人重视的层面上的，这种重视包括他人的重视和男孩对自己的重视。

重视男孩不仅表现在关心他们的成绩、照顾他们的日常生活上，还体现在一点一滴的小事中，体现在每一个细节里。

肖女士特意在客厅最醒目的那面墙上，为儿子布置了一个发表园地，用来展示儿子的作品——几幅受到老师称赞的水彩画；一张成绩不错的试卷；儿子发表在儿童刊物上的小文章；儿子给妈妈写的信……这样等于是告诉儿子：你的作品是最重要的，是有价值的，是被人欣赏的。

无独有偶。

周师傅在家里的墙壁上、家具上，甚至冰箱的门上，都贴上了儿子的剪纸。虽然有些剪纸很模糊，看不出具体的图案，但周师傅还是把它们贴上，并在家里来人时，郑重其事地向他们介绍。儿子见父亲如此做，也对自己的剪纸充满了信心，便开始有意识地抓紧时间练习，剪纸技巧越来越高，图案活灵活现。在一次市里举行的剪纸大赛中，他还获得了少年组的第二名呢。

事实上，特意为男孩布置一个发表园地，并展示他的作品，这对每个家庭、每个家长来说，都不是一件难事，但这样做，却对男孩非常重要。因为肯定男孩的作品，就是肯定男孩；重视男孩的作品，就是重视男孩本人。

其实，男孩的很多作品对家长而言都没有多大的实际意义，但家长还要保存和展示男孩的作品，因为那是对他们表示重视的最直接、最具体的表现方式。

为了表明对男孩的重视，家长完全可以采用以下方法：

当男孩把自己在学校手工课上的小作品带回家时，要懂得欣赏，要适度地赞美，千万不要当着男孩的面表现出不屑一顾的神情，更不能直接扔进垃圾桶。

有客人来访时，要郑重其事地把男孩的作品介绍给他们，鼓励他们收藏自己的小作品。

用心阅读儿子写的东西，收藏好他们得的各种证书。

决定某一件事或命令男孩时，要站在他们的角度或立场去想想。

◆ 尊重男孩，让男孩感到受重视

尊重男孩，重视男孩，会使他们自我感觉良好的同时，还能增加他们的自信。而自信与自尊，是做任何事情的基础，是任何人成功所不可缺少的素质。因此，要想表达对男孩的重视，就要给他们足够的尊重。

华山是小易一直盼望去旅游的地方，家长允诺如果他考进前五名，暑假里就带他去。小易听了家长给自己的允诺后，虽知进前五名很困难，但还是努力朝目标奋进。

半年之后，小易在期末考试中终于排到了第四名。成绩单刚发下来，小易就飞快地跑回家里。当他把成绩单递给爸爸时，爸爸只是说："很好，很好，进步了。"

小易问爸爸说："什么时间带我去华山啊？"

"去华山，为什么要去华山？"

"你不是答应我考到前五名就带我去华山的吗？"

爸爸才想起曾经给儿子的承诺。而那个承诺，爸爸当初只是激励儿子学习的手段，根本没有打算去实现，说后就扔在脑后了，所以早忘记了。于是就敷衍儿子说："我和你妈现在都很忙，过一段时间再带你去。"

小易听后，感觉到爸爸对自己长期努力的漠视，伤心地哭了。

此后，小易不再相信爸爸所说的话了。

尊重男孩，是关爱男孩的一种体现，只有让他们感受到你对他们的重视，才有利于提高他们的自信力。如果像个案中小易的家长一样，答应孩子的事情，说过就忘，在儿子达到了要求后，又找借口拒绝，就是对儿子的不尊重，会给儿子的心灵造成严重的伤害，导致产生不良的行为。

尊重男孩，不仅要及时兑现自己的诺言，它还包括其他很多方面：对男孩不用命令的口气说话，要多与他们平等交流、沟通；有事情要征求男孩的意见，不独断专行；跟男孩有关的物品，得到他们的允许后，才能处理；男孩的隐私与秘密，不能用偷听、跟踪、打探的方式获取；对男孩的兴趣爱好，引导而不是强求；对男孩的选择，尊重而不否定；男孩有了错误，谅解后要加以引导，不要盯着缺点不放；对男孩的解释，要用心聆听而不是粗暴打断；家长有了错误，也应主动及时地向他们道歉等。

家长的这些尊重男孩、重视男孩的行为，会使他们感到心情愉悦，给他们一个愉快的童年；会让男孩感受到家长对自己深沉的爱，增进亲子之间的亲情关系；会帮助男孩增加自信，激励勇敢面对将来出现的任何事情；有利于男孩自尊心的形成，增长他们孩独立、自主、自强的精神。

上例的小易家长，承诺儿子的事情没做到，导致儿子不再相信他，定然会影响到以后教育儿子的效果，还可能使儿子产生一些不良的品格与行为，对儿子将来的学习、事业与生活幸福都非常不利。

少些比较——男孩爱跟他人做比较，最能挫败自信心

印度的一位思想大师说过："玫瑰就是玫瑰，莲花就是莲花，只有去看，不要比较。" 每个男孩都有自己的特点和个性，每个男孩都应该从自己实际的基础上发展起来，而不是做其他男孩的复制品。拿自己的儿子与别人的儿子作比较，对于男孩自信心的形成与培养来说都是有害的。

生活中，小度经常会听到妈妈这样说：

"你看隔壁的小葛，一直都那么听话，你怎么跟人家比啊。"

"你怎么不学学你哥哥啊，整天就知道玩。"

"人家的孩子一回家就知道学习，你就知道玩游戏，长大了能有什么出息。"

"你就不能跟你表弟学学？人家比你还小呢，你哪点能比得过人家？"

这天，小度放学回家，一放下书包就打开电视，因为他最喜欢的动画片马上就要开始了。正准备晚餐的妈妈看到儿子回来就开始看电视，有点儿生气，忍不住数落起来："你就知道看电视，

为什么不先做作业？你看看隔壁的小葛，人家一回家就做作业，做完了还帮妈妈干活。你跟人家比比，不羞愧吗？"

"是啊，是啊，什么都是别人好，你当初干吗要生我？让别人做你儿子好了。"小度生气地喊起来，他就是不明白，为什么同样是妈妈的孩子，别人总是受到表扬，而自己总是挨骂。难道自己真的一无是处，真的那么多余吗？妈妈总是拿他和其他孩子比较，很伤他的心。

妈妈感到挺委屈，说："我们做家长的为了什么？舍不得吃、舍不得穿，可你就是不争气。你大姨家的弟弟，比你还小，学习从来不让人操心，我横看竖看，我儿子确实不比其他男孩差，别人行，你为什么不行呢？我也知道你压力大，可是没有办法，我们也不能照顾你一辈子啊，你现在不努力学习，长大后怎么出人头地？"

不可否认，小度妈确实说出了大部分家长的心里话，那就是担心孩子的未来，所以难免会拿自己的孩子与其他孩子作比较，尤其是男孩。但是，究竟要跟其他孩子比什么？对家长来说，却是一个大问题。

为了不让儿子输在起跑线上，在这个什么都比的时代里，即使是还在牙牙学语的小宝宝，在家长望子成龙的心态下，也早已成了家长相互较劲的对象。

看到同龄的孩子已经长几颗牙了、已经会走路了等，就会担心自己的儿子怎么还没长，是不是营养不均衡，还是发展较缓？

等男孩再大点儿，入园了，看到其他孩子聪明、用功、优秀，就会担心自己的儿子怎么不拿第一？忍不住就会觉得儿子不努力。

"爱之愈深，责之愈切。"看到自己的儿子比不过别人，难免气恼。而男孩整天听到家长用其他孩子的优点来批评自己的不足，就会对自己丧失信心。自卑感一旦产生，就会更加没有斗志和热情。也许他本来可以成为一个有出息的男孩，但是因为这种自卑，长大后就会自暴自弃，终将一无所成。

◆ 发现男孩的闪光点

看到别人家的儿子坐得住、爱读书，很多家长总是夸赞不已，一说起自己家的"野小子"，每天只知道贪玩疯闹，心里就着急，感觉无计可施。其实，只要用心观察就会发现，在这些贪玩的男孩身上，也有许多可贵之处，给予正确的引导，他们也会取得很大的进步。

　　小强特别顽皮，上班主任的课比较听话，但上其他老师的课，他就不配合了。

　　下午第一节课后，小强突然跑到班主任跟前说："李老师，我受灾了，书包被人灌水了，里面的书本全湿了，不信你看。"班主任低头一看，小强的整个书包都湿透了。

　　快放学的时候，全班同学都整理好了，班主任对大家说："大地震让很多家庭受了灾，我们都为他们感到难过。今天咱们班也有一位小灾民，他的书包不幸被人灌了水，书本全湿了，但是在灾难面前，这位同学没有发脾气、没有借机找事，而是表现得很冷静，及时向老师报告。"

　　听完班主任的话，全班同学一齐把目光投向小强，"啪啪啪"鼓起掌来。从未赢得过掌声的小强，面对大家鼓励的掌声也显得很激动。放学后，小强蹲在教室门口，把书一本本摊在地上晾。

"小强，你不回家了？"中队长李虎关心地问。

小强一反常态，一本正经地说："我把书晾晾，下星期就要期末考试了，我得赶紧写作业，今天只能把作业先写在纸上了。"

一向爱帮助同学的小军说："我有两本语文书，借给你一本。"

"我这儿有本作业本。"另一个同学也热心相助。

第二天，班主任开始改作业，翻开小强的本子看了一遍。这真是破天荒了，平时小强的作业都是写一半剩一半。想到这儿，她当即给小强爸发了一条短信：小强今天作业全部按时完成，提出表扬。第二天早晨，小强是第一个来到班里的，像吃了兴奋剂一样，学习起来劲头十足。

有谚云："垃圾是放错地方的宝贝。"这句话，用到男孩的教育上面也很有意义。一般来说，孩子的智力发展是不平衡的，每个人的智能都有其优势和弱势，一个人在某一方面是"垃圾"，而在另一方面未必不是宝贝，若能充分认识并发挥其优势，任何人都能取得成功，男孩同样如此。

◆ 多鼓励男孩的行为

有一个教子故事，大家先来看一下：

儿子的学校要开家长会，妈妈第一次去参加。会后，老师对妈妈说："你儿子有多动症，在座位上连三分钟都坐不了，你最好带他去医院看一看。"

回家的路上，儿子忐忑不安地问妈妈，老师都说了些什么。她鼻子一酸，差点儿流下泪来。因为全班30名学生，她儿子表现最差；唯有对他，老师表现出不屑。可是她还是告诉她的儿子：

"老师表扬你了，说你原来在座位上坐不了一分钟，现在能坐三分钟了。其他家长都非常羡慕我，因为全班只有你进步了。"那天晚上，儿子破天荒地吃了两碗米饭，并且没让她喂，这是从来没有过的。

儿子上小学了。家长会上，老师说："全班 50 名同学，这次数学考试，你儿子排在第 40 名，成绩很差。"走出教室，妈妈流下了眼泪。可是，当她回到家里，却对坐在桌前神情不安的儿子说："老师对你充满了信心。他说，你并不笨，只要细心些，定然能超过你的同桌。这次你的同桌排在第 21 名。"说这话时，她发现，儿子黯淡的眼神一下子充满了光亮，沮丧的脸也一下子舒展开来。她甚至发现，从这以后，儿子温顺得让她吃惊，好像长大了许多。第二天上学时，去得比平时都要早。

儿子上了初中，又一次家长会。她坐在儿子的座位上，等着老师点儿子的名字，因为每次家长会，儿子的名字总是在差生的行列中被点到。可是，这次却出乎她的预料，直到家长会结束，都没听到他儿子的名字。她有些不习惯，临别时去问老师，老师告诉她："按你儿子现在的成绩，考重点高中有点儿危险。"听了这话，她惊喜地走出校门，此时她发现儿子在等她。走在路上，她扶着儿子的肩膀，心里有一种说不出的甜蜜，她告诉儿子："班主任对你非常满意，他说了，只要你努力，很有希望考上重点高中。"

高中毕业了。第一批大学录取通知书下达时，学校打电话让她儿子到学校去一趟。她有一种预感，她儿子被第一批重点大学录取了，因为在报考时，她对儿子说过，相信他能考取重点大学。

儿子从学校回来，把一封印有清华大学招生办公室的特快专递交到她手里，之后就转身跑到自己的房间里大哭起来，儿子边哭边说："妈，我知道自己不聪明，可是这个世界上只有你懂得欣赏我……尽管你总是说些骗我的话。"

听了这话，妈妈悲喜交加，再也按捺不住十几年来凝聚在心中的泪水，任它流下……

每个男孩都是一块尚未雕琢的璞玉，都有成为人才的可能。而这块玉是放出光芒，还是失去光彩，就得看家长如何教育了。切记：一句话可以造就一个人，也可以毁掉一个人。家长一定要让儿子知道：可能你不是最聪明的，但在我们眼里，也有自己闪亮的一面。

多提意见——鼓励男孩发表意见，让他更自信

在如今的独生子女家庭中，出现了一种奇怪的现象：一方面，家长对男孩很娇惯，对他们的物质要求有求必应；另一方面，家长却从不把儿子当作是一个有思想、有主见的人，也不会考虑他们对儿子的做法是否恰当。让儿子成为一个有思想的发言者？还是成为一头"羔羊"？决定权在家长手中。鼓励儿子多提意见，他们才能对自己更有信心。

家长会上，小天妈向家长们诉说了自己的疑惑："我儿子虽然只有 12 岁，但胆子很大，敢一个人去书店买书。可是，他想要什么或想做什么事情，自己从来都不会主动说，而是叫其他人跟我讲。我问他晚饭想吃什么，他也不会直接说自己想吃什么，有时说话前还要看看他爸的脸色。我儿子很听话，但不喜欢对别人说出自己的想法，我觉得这样不好，怎么办？"

原因是什么呢？看一下小天的家庭教育方法：客人来家里做客，妈妈会要求小天要有礼貌，要懂事；大人说话时，不能插嘴，最好到其他地方玩，给大人留出清静的空间。即使是只有一家三

口的时候，小天也不能将自己的想法完整地说出来，比如，当他兴高采烈地说着什么时，妈妈会打断他，会纠正他的发音、用词，还会批评他的某个想法等，他感到很扫兴。

通过上面这段讲述，可以很明显地分析出，自以为是地认为自己有着丰富的育儿知识和经验，一味地对男孩的行为出面干涉，对他们的发言动辄就打断、批评或纠正，要求"不许出错"，不利于男孩表达积极性的提高。

自己的想法不断受到批评或纠正，男孩就会觉得自己的发言没什么价值，就会逐渐变成消极被动的讷言者。因此，如果想让他们自信起来，就要鼓励他们大胆发表意见。

◆鼓励男孩表达自己的意见

有些男孩在发表自己的意见时，常常会受到别人的影响——容易受家长和老师的暗示而改变主意，或者动摇于各种见解之间，或者盲从附和随大流，这种没有主见的做法往往会影响男孩思维独立性的发展，更会让他们瞧不起自己。为了改变男孩的这种坏习惯，首先要给他们创造一个民主、和谐的家庭氛围。因为只有在这样的氛围中，他们才会无所顾虑，畅所欲言；其次，要鼓励和引导男孩大胆发表自己的意见。

男孩对画画很感兴趣，爸爸经常带他去看画展，并鼓励他积极思考、发表自己对作品的看法。

一次爸爸带男孩去参观一个个人画展，但事先并没有告诉男孩这是一个个人画展。爸爸领男孩转了一圈后，故意问他："你觉得哪些画风格比较好？"

"我觉得，这些画好像都是出自一个人之手，画得都很好。"

男孩有点疑惑地说。

"是吗？你觉得好在哪里？没关系，你尽管说。"爸爸仍不忘鼓励儿子。

男孩说："布局好，气魄大，大胆，用笔也好。"

爸爸满意地笑了。

一般情况下，男孩对不是很有把握的答案，往往不敢说出口。这个男孩却大胆地说出了自己的见解，这与爸爸平时就鼓励男孩积极思考、大胆表述是分不开的。因此，家长要鼓励男孩大胆发表自己的看法，意见即使是错误的，也要让他说完，然后再给予恰当的指导。对于男孩的正确意见，家长应肯定、表扬，增强他们发表意见的信心。

要尊重男孩的想法与看法。在家庭里，男孩有参与家庭事务与生活决策的权利。家长应鼓励他们表达自己的看法与主张，不能以小而轻视他，可以让他从细小的事情做起，慢慢地他们就会自信了。

对男孩多倾听，少指令。认真倾听男孩的想法，看看他究竟是如何想的，不要妄加批评。简单化的批评会打击男孩表达的愿望，当他们表达后，对于健康的想法要加以鼓励与强化；对错误的认识，要进行探讨与引导。

鼓励男孩积极面对冲突，不逃避，不迎合，不压抑自己。男孩经常都会面临冲突，逃避、害怕、迎合都不利于自信心的提高，要男孩学会面对冲突，运用一定的技巧去化解。

◆ 尊重男孩的反对意见

在生活中，有些男孩会在不经意间变得不可理喻，往往你说对，他偏要说错，简直是无法交流。但是，如果此时不允许男孩说话，又会伤害了他们，让他觉得家长不尊重自己的想法。可是，要是听从男孩的看法，明知道是错误的，难道就让他继续错下去吗？

　　妈妈辅导杜洋作业，预习语文课文《麻雀》，妈妈认为：这篇课文主要讲述了老麻雀为了保护幼崽而不惜与猎狗殊死周旋的故事，最后总结道："这只老麻雀的行为表现出了伟大的母爱。"

　　杜洋不同意，说："妈，我不同意你的看法。你怎么知道这是只母麻雀呢？为什么不是公的？为什么一定是母爱，为什么不是父爱？这篇课文我从头看到尾看了几遍了，没有一个地方说它是母麻雀啊。"

　　这个问题把妈妈给问倒了，但妈妈并不认为自己的权威受到了挑战，而是赞扬儿子想问题的角度很独特，还把课后题的答案按照儿子的意见进行了修改。

　　杜洋妈的教育理念，值得家长们学习。在现代科学的教育理念中，不仅要让男孩吃好、穿好、玩好、睡好，更要重视男孩的参与权利，培养男孩的表达能力和自信心。因此，在引导男孩发表个人意见的时候，必须允许他们提出不同意见。男孩思想不成熟，经验也不足，提出来的意见不一定管用，但依然要鼓励他们多提意见，鼓励他们积极思考。

　　但是，如果男孩发表的意见不正确，家长就要加以引导，做到以下几点：

　　由于经验不足，跟大人讨论的时候，男孩可能会说出欠缺思考的话，家长可以立刻指正，要通过一步步的引导，让男孩自己觉得原来自己想的并不周全。

　　为了提高说服力，可以举一些类似的例子，甚至过去发生过的事情，让男孩自己分析，这样他们的进步会更快。

　　站在男孩的角度想一下，为什么男孩会那样认为。男孩的想法可能是错误的，但是站在男孩的角度来说，却是合理的，所以家长要多为他们想想，如此即使他们的想法不正确，也会信服大人的正确看法。

积极表现——鼓励男孩大胆表现自己，提高男孩自信心

一直以来，我们都以自谦、内敛为美德，被别人夸奖时总喜欢说"哪里、哪里"，被领导委以重任时也总是谦虚地说"我试试看"，更不会在集体面前自告奋勇地展现自己的才能，否则很容易背上爱出风头的嫌疑。可是，随着社会的发展，很多时候机遇并不总是留给那些在后面默默奋斗的人。老师出了一道题目，举起手来说着"我来、我来"的男孩更能被老师看中。

有时候，酒香也怕巷子深，更何况是信息迅捷、选择多元、竞争激烈的今天，再不注重自我展示、自我推销，就可能会被淹没在茫茫人潮中，与机遇失之交臂。因此，在引导男孩的过程中，为了提高男孩的自信心，就要鼓励男孩大胆表现自己。

儿子放学回来，说："明天下午班里要开迎新年联欢会，老师要求每个同学都准备一个节目。"

妈妈问他打算表演什么，他说："如果点到我，就唱一首歌。"

妈妈意识到，开联欢会确实让儿子很兴奋，但他对自己上台却顾

虑重重。

儿子学习成绩很好，喜欢参加学校举行的各项文体活动，可是让他独自一个人去面对或组织一件事时，底气就不足了。其实，和许多同学一样，他也希望在同学面前展示自己，希望得到老师和同学能认可，却总是对自己少一点自信。于是她趁机鼓励他："这可是一次难得的展示自己的好机会，完全可以试一试。准备一首曲子吧，没问题的，妈妈相信你。"

听妈妈说完，儿子来了精神，不过不自信地问："我确实想试试，可要是表演砸了，多丢面子。"

妈妈一看有希望，立刻鼓励他："没那么严重，再说，凭你的实力，完全不成问题。你只是没有上台经验，现在去练练，一定能行。"

儿子听了这些，终于下定决心，说："妈，我豁出去了。明天早上我就去找老师报名。"

很快，一首曲子准备完毕。看着儿子跃跃欲试的样子，妈妈从心底为他感到高兴。

在竞争激烈的当代社会，面对机会，必须勇敢、大声地说"我行"。因此，培养男孩自我表现的勇气，也就成了家庭教育的一个重要内容，对内向、胆怯的男孩尤为如此。

简单地说，自我表现能力就是在别人面前大胆、巧妙地展示自己才能和特点。从人的心理需求来说，每个人都有自我表现的欲望，只不过各人所表现的方式和程度不同而已。良好的自我表现能力，强调的是适时、适度地表达，要求展现真实、客观的自我，而不是盲目的炫耀。不敢表现自己，是一种不自信的表现，对男孩的成长非常不利。所以，为了让男孩更自信，家长一定要鼓励他们积极表现。

◆**鼓励男孩课堂积极发言**

课堂上男孩回答问题积极性越高，精力越集中，大脑思维越快，也更容易接受新知识。所以，课堂上发言的意义和成绩单一样重要。这种形式，既能锻炼男孩的逻辑思维能力，又可以锻炼他们的语言表达能力，对男孩而言是一种很好的锻炼机会，因此家长要鼓励男孩积极争取。

> 课堂上小北通常都表现得非常沉默，有时候，老师点名让他回答问题，他也是不情愿地硬着头皮站起来，还往往红着脸，低着头，不敢正视老师。
>
> 妈妈了解到这个情况后，尽可能地为小北创造机会，锻炼他的胆量。比如，在周末的时候，妈妈会邀请小区里的孩子们来家里组织故事会、演讲比赛、诗歌朗诵会等。在玩乐中，小北和其他孩子们沟通、交流，既锻炼了自己的语言表达能力，还加深了相互间的友谊。在这个过程中，小北的胆量也越来越大了。
>
> 没过多长时间，小北上课的时候就主动举手发言了。

很多男孩课堂上不爱发言，主要是因为没有胆量，怕出错，怕被同学笑话。如果确实是因为这些，家长就要对男孩多加鼓励，多给他们创造机会锻炼胆量，慢慢地他们就敢在课堂上表现了。

很多男孩课堂上不爱发言，是由于自信心不足，有些难为情。针对这种情况，家长可以跟老师积极沟通，让老师有意识地给男孩创造在班上发言的机会，随着在同学们面前发言次数的增多，他们就能树立起自信，克服羞怯心理。

通常，家长衡量优秀男孩的标准就是"成绩好"，都不会太关注男孩的课堂表现。可是，只关心男孩的成绩是否好，不利于男孩成长。家长要从长远发展的角度考虑，要意识到课堂回答问题的好处。当然，如果男孩在课堂上积极发言了，家长一定要及时给予赞赏和鼓励，久而久之，就能让他们养成课堂发言的好习惯。

◆创造机会让男孩尝试表演

有了家长的肯定，再加上外人的认可，男孩的自信心就会得到强化。家长要带男孩走出自己的家，鼓励他迎着外人的目光勇敢地展示自己，这个过程可能较长，男孩的表现也会出现反复，家长应做好充分的心理准备。可以先从男孩较为熟悉的环境入手，比如，参加亲友聚会，让他们尝试着表演。

小墨四五岁的时候，胆子特别小。他从来不敢一个人待在家里，即使是白天，只要妈妈和爸爸不在，他也不敢一个人留在家里，总是让妈妈将自己送到附近的奶奶家去；每次家里来了客人，他也总是羞涩地笑笑，有时候就喊一声阿姨、叔叔，然后就进自己屋子，再也不敢出来；要是听见打雷、看到闪电，总是吓得缩进爸妈的怀里……

妈妈和爸爸知道，很多孩子都会遇到这样的问题，不及时纠正，以后他们就没有办法面对困难和挫折。因此，小墨很小的时候，他们就重视培养儿子积极大胆的品质。

为了让小墨大胆起来，妈妈和爸爸总是鼓励他去参加各种活动。上幼儿园时，班里每周都会举行故事比赛，刚开始的时候，小墨只是静静地当观众。后来，妈妈和爸爸开始鼓励小墨去锻炼。

刚开始，小墨不敢上台。于是，妈妈和爸爸每天晚饭过后，都会在家里举办一个故事比赛，三人一同参加。爸爸和妈妈每个人都会讲一个小故事，轮到小墨上台，如果胆怯、声音小，爸爸和妈妈就会在下面不停地竖起大拇指，用眼神告诉他："你做得很棒。"

就这样，在爸爸妈妈的鼓励下，小墨成了家庭故事会的主角，能够在爸爸妈妈面前侃侃而谈了。

正如案例中的一样，鼓励男孩积极表现，就要给他们创造表现的机会。如果男孩拒绝，家长不要再施加压力，要给他们台阶下："是不是今天没有准备好？那下次准备好再唱吧。"同时，为了减轻男孩的负面情绪，还可以给他一个微笑或拥抱，或找出其他理由对他们进行肯定。

但是对于机会的选择，一定要选择男孩熟悉的人和场景，否则就会适得其反。比如，可以对男孩说："今天是爷爷的生日，为爷爷唱首歌，他一定特别高兴。"要注意的是，此时家长的声音一定要小，要给男孩留有余地，因为众人期盼的目光或善意的笑声，都可能加重男孩的排斥心理。

第三章

坚韧：胜利和成功都属于意志坚韧的男孩

加强锻炼——一帆风顺的男孩缺少毅力，有意地磨炼男孩

一位哲人曾经说过："人生没有永远的赢，也没有永远的输，而人的抗压能力，往往是在失败中锻炼出来的。"人生，有成功的高潮，也有失败的低谷，对于男孩来说，经历的挫折越多，往往越坚强、越有韧性；对于不谙世事的男孩来说，家长越早对他进行意志力锻炼，他们的心智就会越早成熟起来。

有一次朋友之间家庭聚会，5 岁的小阳对一个跌倒了的小朋友说："摔倒了，要自己爬起来，是你自己不小心嘛。对不对？"如此小的男孩，竟以"小大人"的口气开导摔倒的同伴，可以明显地看出，小阳的心智要比同龄人成熟很多。其实，这跟他从小接受的家庭教育是分不开的。

小时候小阳摔倒了，只要确定他是安全的，爸爸妈妈一般都会冷处理，告诉他："是你自己不小心，下次要注意。"能自己站起来，就不去扶他。因此，只要是自己摔倒了，小阳都会自己站起来，也不哭，显得自己很勇敢。

作为家长，这种教子态度是明智和负责任的。每个人的路都需要自己来走，任何家长都不可能陪伴他们一生。因此，让男孩尽早学会具备坚韧的品质，才是家长最明智的教育方式。

可是，在现实生活中，很多家长往往没有意识到这一点：

男孩摔倒了，家长马上把他扶起来，细心地安慰："宝贝，摔疼了吗？都怪地，让你摔倒了，妈妈给你打它。"

虽然男孩已经有好几款变形金刚，但是看到超市更加高级的变形金刚还是想要，甚至还表现出"不给买就不走"的架势，家长无奈，只好满足。

……

过分溺爱、无条件服从、向男孩的要挟屈服……都是家长无意间给男孩挖的温柔陷阱。家长的错误引导，会使他们走进成长道路上的误区：

男孩摔倒、家长马上去扶，他们便会产生一种理所当然的想法，反正摔倒了有爸爸妈妈呢；

无条件地服从男孩的所有要求，他们从小便体会不到意志的重要性，真正遇到挫折时，便会无法应对；

只要男孩一要挟，家长便屈服，就给了他们这样一种暗示：只要使用一些手段，任何目的都能轻松达到。

任何一个人都会遇到沮丧、失落的时刻，男孩也不例外：考试可能失利，要求可能得不到满足，努力可能得不到回报，真情可能会被伤害……这些时刻，无论家长多么爱自己的儿子，都不可能代替他们去经历，而这都是考验其意志力的重要时刻。

在这个充满竞争的时代，每个人都在学习"赢"的学问，从小锻炼男孩的坚韧意志，他们更容易获得成功。在人生旅途中，任何人都会遭遇困境，只有在男孩小的时候，就对他们进行意志力训练，告诉他"跌倒了，勇敢地爬起来"，他们才能以勇敢、坚强的态度去面对未来的困境和艰难，并以积极、乐观的想法去克服。

◆让男孩感受并读懂挫折

在独生子时代，每个男孩都喜欢强调"我"，不管什么东西，只要是自己想要的就大声要求；有的家长也不管合理与否，完全满足。家长的这一做法是不科学的。这个世界不是为某个人而创设的，总会遇到顺心和不顺心的时候，所以平时家长就要对男孩"狠"一点，将自己一半的爱藏起来。男孩遇到问题的时候，要鼓励他们自己解决，不要替他们解决。只有让他们多经历、多感受，才能提高意志力，抗挫能力才会慢慢增强。

为了儿子的教育，父亲倾其所有，什么益智玩具、各种类型的图书，只要儿子要求，他都会毫不吝啬地拿出自己的钱包。但是，有一次他却故意让儿子失望了。

这天，儿子跟爸爸一块去购物。在玩具柜台，儿子选中了一款机器人，站在收款台前笑眯眯地看着爸爸，等着爸爸来给他付款。过去，爸爸总会高兴地夸他，支持他的选择。但这一次，爸爸却告诉他："今天我带的钱不够，而且你已经有一款相似的玩具了，不要买了。"

看到爸爸拒绝为自己付款，儿子感到很失望。回到家后，妈妈问起儿子不高兴的原因时，爸爸严肃地说："我们必须让他知道，人生不是所有的愿望都会得到满足的。"

挫折教育的目的就是，让男孩在体验中学会面对挫折并战胜它，提高意志力。它不仅包括吃苦教育、生存教育、社会教育、心理教育，也包括独立、勇气、意志和心理承受力等方面的培养。挫折教育的内容是多方面的，其目光不是让男孩吃点苦、受困，而是通过潜移默化的作用，培养他们的意志力和耐挫力。

人生不尽如人意十之八九，没有遭遇过挫折的男孩，也就无法受得住人生的狂涛巨浪。案例中，这位爸爸的做法可谓是用心良苦，相信这个男孩童年时代对"挫折"的感受和领悟必定会成为他健康成长的保护伞。

另外，家长还可以把自己事业和生活中遇到的不如意告诉男孩，让他们对挫折有个全面认识。在这种情况下，家长对工作的热爱、执着、不怕困难的态度和坚强意志，都会成为男孩面对挫折时最有力的精神支柱。

◆告诉男孩：意志力的锻炼是人生的一部分

任何人的一生都不可能一帆风顺，漫漫人生路，苦乐相掺，悲喜相伴，挫折坎坷往往要比平坦之路更多。意志力的训练会伴随男孩的一生，成为他们人生的一部分。

从小不让男孩接受意志力的锻炼，长大后，他们就可能无法适应复杂多变的社会；鼓励男孩接受意志力训练，他们就会成为人生路上不断前行的勇者。所以，家长应该引导男孩进行意志力训练，正确对待挫折。

小健是市重点中学的高三理科生，高考结束后觉得自己发挥得还可以。

高考成绩公布的第一天中午，爸爸吃完饭，就去上班了。小健到网上查分数，不到 500 分，远少于自己的期望。他对自己感到非常失望，觉得对不起辛苦付出的父母。因此，没等到大人下班，就走上了轻生之路。当天下午，他就用一根绳子结束了自己的生命。爸爸下班回家发现后，看到眼前的一切，一下子瘫坐在地上。

这件事发生后，班主任感到不可思议。因为，在她的印象中，小健的成绩在班内处于上游，数学和英语成绩都很不错。

每个人都是在不断的意志力训练中成长和发展起来的，只有让男孩深刻认识这一点，他们才能勇敢地面对挫折、应对挫折、战胜挫折。忽视了意志力的培养，他们就会在挫折面前止步不前，终将一事无成。

对男孩进行意志力训练，可以让男孩学会独立面对困难，激发他们主动去寻找解决问题的方法。每年高考后，都会出现一些高考生因成绩不理想而沮丧。人的一生中，高考只是一个阶段，意志力弱的孩子，就会被打倒。如果男孩不接受意志力训练，不能正确看待这种训练，将来还会因为其他事情陷入困境。

意志力培养是男孩生命旅程的一部分，如果希望他们未来的人生少一些悲哀、多一些壮丽，就要让他们早点接受意志力训练。如此，当挫折到来时，他们才会从容面对，而不是无奈逃避。

明确目标——有了目标，就能坚持下去

目标，是行动的方向，明确了目标，行动就能有迹可循，做事效率也会提高很多。因此，帮男孩确立目标，是一件非常重要的事情。为了提高男孩的意志力，就要帮男孩确立一个目标，激励他们不断前进。

一次，小牧坐在客厅里全神贯注地打游戏，由于太投入，似乎已经忘记了周围的一切。

"小牧，你真棒！游戏打得这么好，爸爸都没有你打得好。"爸爸发自内心地说道。

小牧扭过头，看了看爸爸，不知道他葫芦里卖的什么药。

"小牧，爸爸发现你在打游戏的时候，特别厉害。你长大后可以做一名软件工程师，也可以开发出很多好玩的游戏。"

"真的吗？我也能开发出好玩的游戏吗？"小牧对跟游戏有关的一切都是充满了兴趣。

"这就要看你自己了。对一样东西，你是'想要'、'要'还是'一定要'？如果是'想要'，只是心里想想，就不可能

得到；如果是'要'，也只是嘴上说说，没有行动，还是得不到；如果是'一定要'，就会不遗余力地争取，一定会得到。如果你下定决心一定要开发有趣的游戏，我就相信你，肯定能开发出更有趣的游戏来。"

"爸爸，我太开心了！如果能成为软件工程师，该多好。可是，怎么才能成为软件工程师呢？"

"要想成为一名软件工程师，首先要把现在的功课学好，因为它们都是基础知识，只有学好它们，才能更好地学习其他知识，比如计算机知识等。如果连功课都没学好，学习其他知识就会显得很吃力。"

"太好了，我一定好好学习。"

从此以后，小牧学习刻苦了很多，每天都能按时完成作业，再也不用家长催促了。

不论做什么事，只有先明确了目标，才能产生无穷的动力。要想提高男孩的意志力，就要让他明确自己的目标，使男孩将一件事坚持下去。

几十年前，哈佛大学曾做过一个著名的调查研究：选出一群智力、成长环境都差不多的少年，问："你们的人生目标或人生理想是什么？"结果显示：27% 的少年没有目标；60% 的少年目标模糊；10% 的少年有清晰但比较短期的目标；3% 的少年有清晰且长远的目标。

25 年后，跟踪调查表明，被调查者的生活状况和社会地位跟当初的设想相差很多：

3% 的部分——25 年后，几乎都成了社会各界的成功人士；

10% 的部分——25 年后，大多生活在社会中上层；

60％的部分——25年后，几乎都生活在社会中下层；

27％的部分——25年后，大多生活在社会底层，靠社会救济金生活。

"凡事预则立，不预则废。"无论做什么事情，提前明确了计划，就能取得理想的结果。有目标和没目标的差别显而易见。

◆和男孩一起制定合理的目标

目标是男孩今后努力的方向，正确的目标可以催人奋进，产生出为实现这个目标去奋斗的力量。所以，家长在帮助男孩制定目标的时候，要尊重他们的意愿；了解他们的想法后，要跟他们一同来制定目标。

小异是个六年级的男孩，语文和英语成绩都特别好，仅数学有些差。

新学期开始的那天，妈妈问他："小异，这个学期有什么打算？"

小异想了想，说："我会继续保持语文和英语成绩，同时努力学好数学。"

妈妈又问他："那要怎样学好数学呢？"

小异想了想，又说："我打算多做一些题。"但是过了一会儿，他又沮丧地说："可我觉得不够，曾经我也做了很多题。"

妈妈语重心长地对他说："做题应当建立在你对知识的了解和熟悉基础上，盲目做题，不会产生好效果，只会加重负担。"

在妈妈的帮助下，小异确定了自己短期的目标，就是力争每天完全吃透课堂上所学的知识，所做的习题完全正确，并且可以举一反三；月考都要在本班提高三个名次。长期目标是，期中考试在全年级提高至前二十之内。

在明确目标的引导下，小异数学成绩取得了很大进步。

家长要启发男孩自己确立自己的目标，而不能越俎代庖地给他们制定目标。否则，不仅是对他们的不尊重，也无法激发他们做事的自觉性和主动性。所以，家长要和男孩一起商量，帮他们确立一个切实可行的目标，千万不能不顾他们的实际情况、不询问男孩的想法，一厢情愿地给他们制定目标。

计划制定好后，最好张贴在家里显眼的某个地方，家长还要经常督促检查。如果家长不督促，男孩很可能忘记，等他们形成自觉遵守的习惯，制定计划的目的也就达到了。

需要注意的是，计划的制定，既不能太死板，也不能太随意。太死板会让男孩感到没有自由，太随意又会让他们不重视计划。正确的做法是，一般情况要严格按计划执行；情况特殊，就要变动计划。

◆让男孩学会修正目标

男孩的经验毕竟有限，即使制定出目标，在实践过程中，也会遇到困难或不足。这时，家长要利用自己的经验，引导男孩适时调整自己的计划，不断修正自己的目标。

小忠是我一个同学的儿子，在上初中后，小忠就开始痴迷于英语。他积极参加周末市里的英语角，口语有了很大的进步，兴趣大增。每天放学之后，他会自主学习一个小时的英语，词汇量、语法也掌握得越来越多。半年后，小忠的阅读水平已经远超其他同学，已经可以读狄更斯的简版原著了。

看到自己已经超过了同学，小忠沾沾自喜，有些懈怠。妈妈发现了他的骄傲情绪，就对他说："你可不能就此止步啊，人外有人，高手多得是。"

　　为了让小忠引起重视，周末妈妈带他去外语学院结识了几位大哥哥。在聊天中，小忠才发现自己和他们的差距太大了。他们可以同步翻译政治性演讲，还可以和外国专家探讨经济热点，这种层次是他远远不及的。

　　回来之后，小忠调整了自己的学习目标，开始朝着更高一级冲刺了。他说："学无止境，我要不断调整目标，让自己不断进步。"

　　目标制定好，不能简单地放在那里。不认真实施，目标也只是空谈，并不能起到实质性作用。仅给男孩制定目标，在执行过程中却没有及时进行调整，目标也就形同虚设。所以，家长在帮男孩制定目标的同时，还应该根据他们的目标执行情况，及时进行调整。比如，发现男孩的学习目标严重不符合实际情况或实际情况发生了变化，就要及时去修正他们的学习目标了。

积极暗示——给自己积极的心理暗示，才能坚持下去

在学习的道路上，任何人都很难坚持到底，男孩同样如此，家长要引导男孩通过积极的自我暗示来激励自己。因为，只有善于自我激励的人，才能发挥出自身的潜能，创造出超越自己能力的神话：而不会自我激励的人，即使拥有良好的天赋，也可能无法开发出自己的潜力。

小宏是个高中生，性格内向，沉默寡言，遇事总是闷在心里。他最大的弱点就是，对自己遇到的问题和挫折，没有勇气来面对，更不会自我激励。

小宏的学习成绩一直都不太好，平时考试成绩大多排在倒数十名之列。虽然他也付出了很多的时间和精力，但期末考试成绩依然很糟。

面对家长殷切的目光，小宏越来越感到自卑，开始逃避学习，甚至自甘堕落。其实，在后半学期，小宏已经取得了不小的进步，有两次已经接近中游的水平了。可是，他没有看到自己的进步，也没有借此激励自己，总认为自己还是最差的。

从心理学角度来讲，小宏的心理太过脆弱，如果能激励自己再努力一点，结果可能会完全不同。

毅力对于男孩的成长具有非凡的意义，想要他们有所成就，就要重视毅力对于他们成长的作用。

对待男孩毅力的问题，很多家长都有这样的一个误区：男孩都"没长性"，可以宽容地对待他们缺乏毅力的问题。实际上，这种做法是不妥当的，害了男孩。三天打鱼两天晒网，做事没有毅力，是很难取得成功的。

男孩只有具备一定的毅力，面对挫折的时候，才能更好地发挥自己的潜力。对于同样一件事，在具备同样能力的情况下，谁能坚持下来，谁就是最后的胜利者。所以，毅力对于男孩的成长具有非凡的意义，家长一定要重视对他们毅力的培养。

家长帮男孩学会自我激励，是一个长期而细致的过程，离不开家长的尊重、信任和指导。要想让他们坚持下去，就要鼓励他们给自己积极的心理暗示，让他们相信自己。

◆教男孩学会自我激励，为自己加油

在《激励的神话》一书中，作者斯普林格曾这样写道："强烈的自我激励是成功的先决条件。"著名的马丁·路德·金也曾说过："世界上所做的每一件事都是抱着希望而做成的。"事实上，正是这种高度的自我激励精神使他们朝着自己的目标不断前进，最终实现了目标。

尼尔斯·玻尔是诺贝尔物理学奖获得者，他之所以能够取得如此大的成绩，一个重要原因就是，他有一位很善于激励自己求知欲的父亲。

有一次，小玻尔和父亲就水的张力问题展开了激烈的争论。其实，这对于身为物理学家的父亲来说，根本不算什么难事。但是玻尔对父亲的讲解表示不服气。为了激励小玻尔的探索精神，父子俩达成了一项协议，即由小玻尔去父亲的实验室做实验，让实验的结果来说明问题。协议中规定，玻尔要自己动手制作仪器，父亲担任仪器制作和实验的顾问。出乎父亲的预料，结果玻尔的实验成功地证实了自己的看法是正确的。

一直以来，玻尔都把自己能够在实验中制造各种各样灵巧的仪器，并研究出其他证明科学家没有获得的成果，归功于父亲对他的激励。而正是在父亲的激励下，玻尔学会了自我激励。

很多男孩对自己的认识，完全依赖于家长的赞许，不知道如何认可自己。对这样的男孩，家长要及时指出他们做得正确的事，然后提醒他们从内心认可自己。

比如，当男孩因为做了错事而主动承认错误时，可以告诉他："能主动承认错误，需要很大的勇气，但你做了一件正确的事，非常了不起。"在家长的认可下，男孩不仅会因自己得到表扬而释怀，更会觉得自己也了不起，继而相信自己。

◆ **合理引导，让男孩乐观面对挫折**

暗示有消极和积极之分，积极的暗示会让人增加自信，提高积极性，是自我激励的一种有效的方式。要想让男孩坚持下去，就要通过合理的引导，让他们积极暗示自己，乐观地面对挫折。

小陶在一所重点小学的实验班上学，成绩优异的他，考试得第一是家常便饭。为此，大家为他起了个绰号："永远的第一名"。可是，这个绰号在叫了几年之后，却在小升初的考试中戛然而止。这次小陶考砸了，凭他那点分数，别说上重点中学，就连二级以上的中学都考不上。

看到分数的那一刻，小陶伤心地哭了。他躺在床上想：完了，一切都完了。小陶恨不得打自己几下。

妈妈看到儿子气急败坏的样子，温和地说："任何人的人生路都不会一帆风顺，挫折在所难免，对于坚强的人来说，失败更能磨炼他的意志。妈妈相信你，只要用乐观的心态去面对这次的失败，你就会战胜它。"

听完妈妈的话，小陶沉思了一会儿，他想到，自己曾在一本书上看到的一句话："生活中，总会遇到许多的小失败和小挫折，但是，只要不放弃，继续快乐地生活，乐观地面对失败和挫折，那我们就称得上是生活的强者。"

自此之后，小陶发奋学习，在妈妈的帮助下，制定了合理而周密的学习计划，一步步地实践着。就这样，小陶的各科成绩都进步得很快，到初一上半学期期末考试时，小陶已经名列前茅了。

在现实生活中，许多困难是经过努力可以克服的。当男孩受到重大挫折的时候，家长不能置之不理，不能无视，应该及时疏导，帮助男孩认识挫折、分析挫折产生的原因，进而正确理解挫折。同时，还要让他们充分认识到自己的优缺点，明白挫折本身并不可怕，最重要的是端正态度。

在男孩遇到挫折时，家长可以用鼓励的话语、乐观的微笑、赞许的目光来增强他们面对挫折的勇气。要让男孩暗示自己：这次失败了，下次再努力就行；只要战胜了挫折，就一定能取得成功。

有始有终——让男孩养成从头至尾完成事情的习惯

对于做事有头没尾、有始无终的人，有一幅很形象的漫画：画中人挖了无数的水井，都没挖到头：他也永远喝不到水。做事总是半途而废的人，人们不敢把重要的任务交给他。对于男孩来说，做事虎头蛇尾，对于意志力的培养不仅无益，还会产生负面影响，所以家长要从小引导男孩做事情有始有终。

王军看到妈妈刚买回的积木，满腔热情地将积木摊在沙发上，专心致志地开始玩。开始的两三天，王军的热情非常高，但是没过几天，他对搭积木就失去了兴趣，甚至将积木放在一边，懒得看一眼。

刚开始，妈妈以为儿子是喜新厌旧，并没有放在心上。后来，妈妈又陆续给他买了很多玩具。每次看到新玩具，儿子都是满腔热情，但是三分钟热度过去，便很快对新玩具失去兴趣；玩玩具如此，做其他事情同样如此，总是东一榔头、西一棒槌，无法从头到尾将一件事情做好。

到了幼儿园，王军上课不认真，不是东张西望，就是搞小动作，有时甚至还会随意走动，停不下来。而且，只要周围稍微有点风吹草动，就能引起他的注意。王军对任何事情都是三分钟热度，很难独立完成一件事，这让家长和老师都头疼不已。

妈妈感到非常担心，儿子长大后会不会做事三心二意、有头无尾，事事无成呢？

心理学家研究证明，当人们对一个目标的追求做到一半时，经常会对自己能否达到这一目标产生怀疑，甚至对这个目标的意义产生怀疑，会变得极为敏感和脆弱，进而出现一种无心继续的负面影响，最终可能以半途而废收场。因此，在追求目标时，只有克服各种情绪起伏，坚持下去，才能扎实地稳住阵脚，取得最好的成绩。

在日常生活中，很多男孩，做事不是虎头蛇尾，就是半途而废，总不能善始善终。他们心理都比较脆弱，意志力较差，情绪不稳，注意力也不太集中。从整体上看，这样的男孩自立、自理等能力都很差。对此，家长不能视而不见，更不能迁就放任。

做事很少成功，就会严重影响到自己的自信心，继而产生严重的自卑感，就会对人事抱有一种无所谓的态度，如此，在以后的道路中，男孩是很难做出成绩的。因此，当男孩遇到困难准备放弃时，家长要及时给他们打气，鼓励他们想办法继续坚持下去。

◆ **做事情有始有终，从培养毅力开始**

行动的目的性和计划性都不是很强，做事就会有头无尾，容易半途而废。所以，家长应鼓励男孩坚持做好每一件事情。当男孩在做事过程中遇到困难、想放下手中的事去做其他事时，家长不能听之任之，要鼓励他们坚持做好已开头的事，并且帮他们克服遇到的困难，甚至和他们一起把事情做完。长此以往，男孩就能养成良好的做事习惯。

　　小吉平时很怕吃苦，在家里妈妈也不让他干什么活。在学校，他最怕长跑，每次体育课上要进行跑步测试，他就感觉很痛苦。硬着头皮上阵后，他只要跑一圈就坚持不下来了，非得要停下来。生活中，他做事也是难以善始善终，很难将一件事情做到底。

　　妈妈意识到了问题的严重性，决定不再纵容小吉的行为。妈妈从日常的小事开始，锻炼他的意志力，让他自己定下一个目标，坚决保证完成，妈妈监督整个过程。经过几个月的训练后，小吉做事情果然不再半途而废了。

　　坚强的意志，能够使男孩在前进中保持旺盛的斗志，坚持到最后。意志力不坚强，遇到困难就退缩，遇到挫折和失败就一蹶不振，会影响男孩的学习和发展。

　　通常，男孩的意志力似乎天生比女孩稍强一些，但坚强的意志不是单靠男孩的性别优势形成的，最重要的后天的训练；同样，坚强的意志力也不是一蹴而就的，需要平时一点一滴的锻炼和培养。

◆**让男孩有始有终，就要培养男孩的耐心**

　　柏拉图曾经说过："耐心是一切聪明才智的基础。"做事情没耐心，就容易半途而废。耐心是一种良好的品质，有耐心的男孩，做起事来就会有始有终、认真细腻。与之相比，没耐心的人做起事来就会半途而废、马虎了事。因此，要想培养男孩的耐心，就要让他们做事有始有终。

　　李伟做事很有耐心，离不开妈妈平时的教育。

　　为了培养儿子的耐心，妈妈给他讲了很多故事。有个故事是这样的：

　　三个小伙伴一起种了太阳花的种子，比赛看谁的花先长出来，长得最大最漂亮。布奇没有耐心，老是觉得花儿长得慢，总是把土翻出来，看看花有没有发芽，最后花发芽了，也长出来了，但是布奇没耐心，太着急，居然用手去拔苗助长。最终，其他小朋友的花都开了，只有小布奇的花没有开。

　　虽然这只是一个小故事，但是李伟从内心深处知道了耐心的重要性。此后，每当李伟做事着急的时候，他都提醒自己"不做布奇，要有耐心"，久而久之，李伟做事情就变得越来越有耐心了。

耐心需要从小就培养，家长一定要记住：罗马不是一天建成的，想要让男孩变得更有耐心，自己不仅需要多一些耐心，还要有意识的对他们进行耐心训练。

仅靠口头的教育对男孩的作用并不大，对于智商迅速发育的男孩来讲，完全可以从他们感兴趣的事情入手，比如摆积木，就是很好的选择。如今，不少积木玩具都附加造型图纸，可以先从最简单的造型开始训练，与男孩分析具体的搭建步骤；然后，让他们按图纸一步步搭建。遇到困难的时候，家长不要急着伸手帮忙，可以在旁边搭建一个模型，引导他们自己亲手完成。这样，不但可以训练男孩的耐心，还便于他们集中注意力。

对于开始认字和学习阶段的男孩，看书也是个很好的训练方式。开始的时候，不要强迫男孩一下子就阅读多篇，过多的阅读任务会让他们在最初就丧失耐心。开始的时候最好选择一篇，之后再慢慢叠加，培养男孩阅读的耐心、并逐渐让他们理解其中的道理。之后，可以鼓励他们讲故事、演讲。

第四章

勇气：有勇气的男孩会心想事成

战胜恐惧——做个深呼吸，让男孩战胜睡前恐惧

在现实中，怕黑、不敢独自睡觉的男孩非常多。每天晚上睡觉时，必须让大人点上小夜灯，房间绝不能漆黑一片，否则男孩就会说房间里好像有人看着他，不肯一个人睡觉。即使是点上小夜灯，有的男孩也会做噩梦惊醒大哭，一定要大人陪着，才肯继续入睡。不仅睡觉时胆小怕黑，上下楼梯间时若光线昏暗，也会造成恐惧，紧紧抓住大人的手不放。培养勇敢的男孩，首先就要鼓励男孩战胜恐惧。

小龙小的时候，胆小、怕黑，每天晚上睡觉的时候都要开着灯和妈妈在一起，否则就睡不着。为了让儿子单独睡，妈妈想了很多办法，却没有取得理想的效果。

一天晚上睡觉前，妈妈和小龙商量："别人睡觉的时候都会把灯关上，我们也把灯关上好不好？"小龙想了想，同意了。小龙钻进被窝后，妈妈就把灯关上。可是，小龙翻来覆去不肯睡，使劲搂着妈妈的胳膊。妈妈拍拍他的后背说："不要怕，关上灯才不晃眼，好好睡吧。"妈妈一边拍着小龙的后背，一边安慰，

或许是妈妈的安慰起了作用，不一会儿小龙就进入了梦乡。渐渐地，他就习惯了关着灯睡觉。

半个月后，妈妈从商场买回一张新儿童床，把小龙的房间布置得活泼漂亮。小龙从幼儿园回到家，看到自己的房间变得很漂亮，特别高兴。他兴奋地躺在新床上，妈妈趁机对他说："这是你的新房，你已经长大了，就应该有自己的房间，独立睡觉了。"小龙听后，一下子瞪大了双眼："今晚我自己睡？妈妈不要我了？"妈妈点点头，告诉小龙："一个人睡觉才舒服，必须改变过去的习惯，你要一个人睡，做个勇敢的男孩。"最后，小龙有些无奈地同意了。

到了晚上，小龙在妈妈的鼓励下走进了自己的房间，可是不到半个小时，他就从里面跑了出来，钻进了妈妈的被窝。第二天，妈妈依然没有放弃。但是，这一次妈妈将小龙的新床紧挨着自己的床边放置，让他在自己的床上睡觉。虽然不在一张床上，但和妈妈在一个房间里，小龙也能安心地睡觉。

就这样，小龙成功地迈出了第一步，过了一段时间，他就可以单独睡觉了。

恐惧夜晚，不敢一个人睡觉，是很多男孩的通病。面对这些情况，家长一定要多对男孩进行勇敢教育。

在生活中，有些男孩不敢晚上出去或怕黑，可能是由于曾经被吓唬过，在心理上留下了可怕的阴影。比如，有的家长为了不让男孩做某些事情，就给男孩讲一些狼啊、鬼啊、怪啊等故事，给男孩在心理上形成了阴影。所以，家长不要用恐吓的方法来教育男孩。

独立可以分为"独立的性格"与"独立的行为能力"，勇敢是独立性格的一部分，如果男孩具备独立的行为能力，但缺少独立的性格，也是无法展现出独立行为的。事实证明，教出具备独立性格的男孩，比重视男孩表现独立的行为能力更重要。

◆用"小故事"诱惑男孩自己睡

男孩渐渐长大后，分床睡觉就会变成一件让人苦恼的事情，但是让男孩独睡又不得不进行，因为让男孩独立睡眠有很多好处，既能给男孩提供独立的机会，又有益于男孩的身体健康，还可以培养男孩健康的性取向。如果男孩哭着闹着想跟大人一起睡，就可以用小故事来诱导他们。

每天晚上睡觉前，妈妈都要给3岁的儿子讲故事，儿子总是随着故事的结束而入睡。就这样，儿子在听故事中一直长到了5岁。

到了这个年龄，按道理，儿子该跟大人分房了，可是他每天晚上都粘着妈妈。那天晚上，儿子要上床的时候，妈妈突然把他叫住，伏在他耳朵边告诉他："男孩长到这么大，会发生很多有趣的小故事，可这些故事却不能在妈妈身边跟你讲，必须自己屋里、在自己的床上，妈妈才能把这些小故事一个一个讲给你听。"

儿子被故事所诱惑，一边铺床，一边小声说："只能给我讲故事，别让我爸听见。"上床之后，妈妈躺在儿子身边，给他讲了安徒生童话。此后，每天晚上，他都早早回到自己的房间，然后冲着妈妈小声说："妈，今天给我讲什么故事？"

在听故事中男孩就会慢慢长大，也能从故事的语言和故事的内容中，学会许多文学知识。

家长和男孩分床睡，是男孩的一次"断奶"过程，甚至比断奶还难。因为，这次断奶更多的是心灵上的"断奶"。不过，即使过程艰难且令人揪心，家长依然要培养男孩独立睡眠的习惯。

当然，想要男孩养成独睡的习惯，很大程度上需要家长方法得当，耐心培养，不能操之过急或者严厉呵斥。要知道，和男孩分开睡，是一次"断奶"过程，而这过程远比断奶要难得多，所以，家长要给予男孩更多的耐心。有些男孩半夜醒来会找妈妈，这时男孩处于朦胧状态，要尽快陪男孩重新回到自己的房间，安抚他继续睡觉。对男孩大声呵斥，反倒会令男孩感到更紧张、更清醒，更不利于重新入睡。

◆给男孩布置一个温馨的卧室

当男孩慢慢长大，家长就需要开始分床睡，这对男孩成长有益。可是，很多家长说，刚开始男孩独睡时，男孩常常难以接受。这主要是因为男孩对妈妈的依恋是最原始的本能，他们舍不得离开妈妈。如果让他们睡，就会感觉妈妈不喜欢自己了，会产生情感失落，造成情绪波动。不和爸爸妈妈在一起，男孩的恐惧感就会增强。比如：害怕黑暗，害怕孤独，害怕动物，甚至害怕想象中的人和事物，这也是他们拒绝独睡的主要原因。因此，家长要从多方面进行引导，其中给男孩布置一个温馨的卧室，就是一个好方法。

儿子刚开始独立睡觉的时候，郭女士便和他一起动手"打扮"他的卧室。在儿子的建议下，郭女士给儿子买了新的窗帘、床单、被罩，上面都是他喜欢的图案，还给他准备了一个台灯，放在床头柜上，只要他一伸手就能够着。

儿子爱听故事，每天晚上到了九点钟，郭女士都会跟儿子去他的小房间，给他讲喜欢的故事，每天儿子都是在童话故事中，甜甜地入睡。

男孩是否养成独自睡觉的习惯，很大程度上取决于家长。对于 2 岁以内的男孩，从安全角度考虑，最好不要让男孩与大人同床睡，家长与男孩可睡在同一间屋内但不在同一张床上；2 岁以上的男孩，则要尽量养成健康的睡眠习惯和独自睡眠行为。

男孩的心理承受能力不太大，家长要用适当的方法耐心培养，逐步帮助男孩适应并接受独自睡觉。

布置一个温馨的环境。家长可以发挥儿子的主动性和想象力，和儿子一起布置他的小房间或者小床铺。这里，家长要尽可能地满足男孩的愿望，男孩会感到他长大了，有了自己的一片小天地，自己可以说了算了。

让男孩保持愉快的心情。家长与男孩分床睡时，要给男孩创造好心情，尤其在晚上入睡前，可以给男孩讲讲笑话或故事，让他心情放松。

给男孩找个替代物。这时如果男孩需要，可以给他找一个替代物。例如，让他抱着妈妈的枕头睡觉，或者抱着自己喜欢的蜘蛛侠睡觉等。

打开房门，保持空间交流。这样，男孩会感到还是和家长在一个房间里睡觉，只不过不是在一张床上。

敢于爬高——鼓励男孩主动尝试，放手让他们去做

男孩胆小，很可能和家庭教育方式有关。如果在一个家庭中，男孩是独生子，家人就会过度爱护，刻意地保护他，男孩就容易怕脏，怕危险，怕受伤。另外，男孩还会因为生活中缺少玩伴，缺乏锻炼的机会，而变得胆小、封闭、内向。一旦形成这样的性格，再让男孩进入挑战性的情景时，就会出现胆小、怕事等现象。因此，要想让男孩敢于尝试，就要放手让他们去做。

多年来，妈妈一直都关心小元男子气的锻炼，甚至让他冒险，即使受伤也在所不惜。尽管遇到这种情况，自己也会感到忐忑不安，但是她依然会咬紧牙关，鼓励小元战胜心魔，坚持到底。

有一次，妈妈带着小元在小区广场玩耍。广场上有一个丈把高的蓝色铁架子，供人攀登或做仰卧起坐。小元晚上本来是去练臂力，以便先掰过妈妈再向爸爸挑战。谁知练了几分钟吊环后，他又去爬架子，爬上去再跳下来，最后上升到七格，纵身往下跳下来。

接着，小元又向最高一格攀爬。由于铁架太高，再加上小元自身的高度，坐在上面看地下着实有点害怕。小元刚要俯身跳下，又缩了回去，说着："妈妈，太高了，我再练练。"他缩身穿插过横铁架，降一格，一跃而下。

小元打算从顶上跳下来，气呼呼地爬上顶。谁知试了试，仍然未敢跳下。爬上去，俯瞰，不敢跳，又缩身往下，一次两次三次……最后，妈妈说："咱们回家吧。"小元大叫："妈妈，再给我五分钟。"

妈妈忍住笑，离开两步又转身回来。小元爬上去，又不敢。四五个回合依然如此，妈妈又起步走，他大叫："妈妈，您要相信我，您可不能瞧不起您儿子啊。"

妈妈停下，远远地站在那里不作声。小元边爬边壮胆子说："这次我一定行。"最后，成功跳下。

日常生活中，人们总是这样形容男孩：小淘气、皮猴子、傻小子……的确，大多数男孩确实像家长形容得那样，自从学会走路开始就不断地制造麻烦，也正因如此，古希腊的哲学家柏拉图才会说："在所有的动物之中，男孩是最难对付的。"

可是，在现实中，胆小的男孩也越来越多。男孩胆小，家长应该认真分辨：如果是偶然表现出来的反应，完全可以理解。但是，如果男孩长期地表现出胆小、喜欢依赖人，家长就要重视这个现象，找到问题的根源，帮助他们练出勇气。

在成长的道路上，男孩会碰到许多第一次，需要尝试许多事情。在不断的尝试中，男孩会收获成功或失败的体验，这些体验则伴随他们成长，也会成为他们成长道路上丰厚的馈赠。过度保护男孩，他们就会失去尝试与探索的机会，永远无法取得进步，变得越来越胆怯，越来越没有自信。

不能因为危险就禁止男孩成长。这种热衷探索的好奇心和冒险行为，会锻炼男孩的勇气，令他们眼界开阔，获得知识，增长才干。同时，还有助于建立男孩的自信心。勇于尝试自己最害怕的事情，一旦获得了第一次成功，男孩的成就感和自信心定会猛增。所以，家长要经常鼓励他们大胆尝试。

◆ **给男孩提供冒险的机会**

家长在教育男孩的时候，必须为他们提供冒险的机会，鼓励他们去尝试，让他们保持好奇心和主动学习的状态，去面对真实的世界，同时告诉他们一些自我保护的方法。

爸爸曾向儿子许诺，如果他这次期末考试中能考到前五名，就带他去看大海，让他在海边玩个够。

儿子为了这个奖励，努力学习，终于在期末考试中取得了第三名。

为了实现自己对儿子许下的诺言，爸爸带儿子去了青岛。儿子开心地又蹦又跳，一会儿在沙滩上奔跑，一会儿又跑去拾贝壳，玩得不亦乐乎。

附近还有很多跟家长一起来的孩子，儿子很快和他们玩到了一起。孩子们都脱下鞋子，光着脚走进了水里，他没有阻拦儿子，只是看着他在海里玩。

这时，一个孩子看到很多孩子都在海边的浅水里玩耍，想去和他们一起玩，便对妈妈说："妈，我也想试试。"说着就准备脱鞋子下水，结果被妈妈大叫着拉了回来。

"不准玩水，多危险。"妈妈板起脸来教训起了男孩。

男孩垂头丧气地跟着妈妈走开，还时不时地回头看在海边嬉戏的孩子们。

男孩都是在不断克服困难中发展潜能的，大人的粗暴、忽视、干涉和误解会在很大程度上伤害男孩，长此以往，可能使他们失去探索周围事物的兴趣，变得胆小怯懦、麻木不仁，缺乏强烈的求知欲望。这样的结果是家长们不愿意看到的，也是违背教育初衷的。

在现实中，不敢放开自己的双手，时刻把男孩保护在安全的范围内，只会让他们更加懦弱。相反，给男孩提供适当的冒险机会，比如在有人监管的情况下让他们爬树、登山等，更有利于提高他们的勇气。

◆**让男孩去尝试他想做的事情**

在外界事物的刺激下，男孩好奇心也会不断增强，大人过于考虑安全问题，让男孩躲开有危险性的东西，就等于掐掉了好奇心的幼芽，只能抑制了他们勇气的增长。所以，当男孩变得越来越胆小的时候，家长必须做好他们的思想工作，鼓励他们去尝试自己想做的事情。

妈妈带泉泉去逛商场，在儿童区，泉泉看上了一款变形金刚，可是根本不适合他的年纪。首先，它的外壳是金属的，很容易碰伤人；其次，变形金刚的很多关节都是弹簧扣的，凭泉泉的力气根本掰不动。

妈妈告诉泉泉："这个变形金刚是大人玩的模型，不适合你。"可是，泉泉说什么都不走，非要那个变形金刚。

妈妈跟导购商量，让泉泉自己去看看那个变形金刚，导购同意。泉泉高兴地抱起变形金刚，在一边摆弄了半天也没有变出一个形状。果如妈妈所料，泉泉根本就掰不动。不仅如此，在玩的过程中，泉泉的手指还不小心被夹一下，妈妈问泉泉还要买吗？泉泉立刻摇头说："不要了，不好玩。"

事实上，越是不现实的事情，男孩越想尝试，这是他们体内的睾丸酮素在起作用。

许多家长都遇到过同样的问题：男孩似乎对任何东西都感到好奇。看到床头摆着的钟表，趁大人不注意就肢解得七零八散；好端端的一个玩具，到他们手里，没过几天就被全面"解剖"。有的家长遇到这些情形会对男孩严加训斥，甚至对他们一顿暴揍。殊不知，多少创意就在这样的行为中消灭了。

从襁褓期开始，男孩就不会像女孩那样愿意接受他人的帮助。有些事情，即使是他们自己力所不能及，依然想要不断尝试。这时，家长要给他们留出足够的时间去调整心态，在条件允许的情况下，还可以让他去尝试一下，当他们确定自己无法尝试之后，便会知难而退。

保护自己——懂得自护，就不会再害怕

现代家庭中，家长给予男孩过多的关爱甚至溺爱，事事都替他做好，处处都维护他的利益，出了任何问题都出面帮他解决，容易让男孩产生一种错误的认知：家长就是我的保护神，他们会永远保护我。

一旦有了这种想法，男孩就会变得处处依赖家长，甚至会变得不思进取。家长一定要给男孩正确的教育，让他们对自己的人生形成正确认识。比如，可以明确地告诉他："任何人都不可能永远做你的保护神，真正能够保护你的只有自己。"只有这样，男孩才会对自己的生活有正确的理解，才会变得越来越独立，才会更加有勇气。

爸爸妈妈都是生意人，经营着一家公司，家里条件不错。他们把最好的东西都给了小嘉，希望他能健康快乐地长大。

小嘉上的是贵族学校，上下学都有专车接送，穿的衣服、鞋子，书包和文具等都是名牌。放学回到家后，家里既有爸爸妈妈，又有保姆，生活简直就是无忧无虑。小嘉从来没有想过，如果有一天自己离开了爸妈会变成什么样。他觉得，爸妈永远都会在他身

边、会永远让他过这种舒适的生活，只要有爸妈，他什么都不用怕，什么也不用担心。

可是，天有不测风云，在小嘉上初三的时候，公司经营出现问题，导致破产。爸爸拿出家里的全部资产用来偿还债务，一夜之间，他们变得一贫如洗。这件事情不仅给爸妈带来了很大的打击，更给小嘉带来了沉重的打击。为了小嘉，爸妈又重新振作了起来，为了将儿子从绝望中拉出来，他们经常开导小嘉："儿子，你应该从公司破产这件事情上认识到：即使是爸爸妈妈也不能永远保护你，你要想让自己生活得更好，只能靠自己。爸妈现在一无所有，这并不可怕，因为我们还可以用自己的双手、靠自己的努力重新站起来。你也要学会通过自己的努力过上想要的生活，因为你可以永远依赖的保护神只有自己。"

小嘉明白了爸妈给自己讲的那些话，最终接受了这个现实，开始努力学习，他暗下决心："我要靠自己的努力过上自己想过的生活，我要保护好自己。"

从这个例子中可以看出，即使是家长，也不能永远保护自己的儿子。例子中的家长希望给儿子最好的生活、最好的呵护，可是由于公司出现状况，生活也因意外一落千丈。他们终于明白：谁都不能做儿子永远的保护神，儿子的保护神只有他自己。

家长的愿望都是好的，希望自己能够把所有的一切都给予儿子，希望他们能够过上衣食无忧的生活，可是这是不可能的。家长不可能永远守候在男孩身边，他们总有一天要长大，要张开翅膀飞向蓝天。家长一定要让他们明白，只有自己自立自强，才能永远地保护自己。连自己都保护不了，何谈成长？

◆让男孩做家庭的守护者

家长要努力培养和锻炼男孩勇敢的品格，让他们有勇气去面对生活和学习中遇到的困难，他们才能在自己的人生道路上走得更好，走得更远。其中一个方法就是，让男孩做家庭的守护者。

邻居最近买了一条狼狗，小远妈每次下班路过他家门口的时候，那条狼狗都会"汪汪汪"地叫个不停，妈妈有些害怕。所以，每次碰到那只狼狗，妈妈都会躲在老公和小远的后面。

有一次老公要出差，对小远说："儿子，爸出差后，你就是家里唯一的男子汉了，妈妈怕狗，你敢保护妈妈下班回家吗？"

儿子说："当然敢，我能够保护妈妈。"

爸爸笑着说："对，我的儿子最勇敢了。"

爸爸出差后，就由小远保护妈妈下班回家。这天，当他们走过邻居家门口的时候，那条狼狗又开始叫个不停。

妈妈躲在儿子身后，问小远："儿子，你害怕吗？"

小远虽然也有点害怕，身子有点颤抖，但是他却勇敢地说："妈妈，我是男子汉，我能保护你，你就躲在我身后吧。"就这样，母子二人安全地回到了家。

经过这件事，小远慢慢地变得越来越勇敢了，以后狼狗再冲着他叫的时候，他也不再害怕了。

案例中，出差之前，爸爸告诉儿子应该保护妈妈，儿子也很勇敢地答应了爸爸，而且还真正做到了。在这个过程中，小远的勇气也得到了锻炼。

这是一种非常好的教育方式，家长要在生活中不断锻炼男孩的勇气，当他遇到困难的时候，他才不会成为逃兵。

男孩虽然年龄小，但对家庭依然担有责任，比如：保护老人、保护妇女，保护家里的财物不丢失等。很多时候，并不是男孩对家庭没有责任感，而是他们根本就不知道，家长根本就没有将这种思维灌输给他们。多数男孩都想让大人觉得自己有用，当家长将责任托付给他们的时候，他们往往能做到最好。

◆ **给男孩提供在社会锻炼的机会**

男孩就像是嫩绿的树苗，载负着家长对未来的美好憧憬，可是家长的关爱与呵护总是有限的，要放开双手让他们锻炼，让他追随阳光。历经风雨，才能成长为参天大树，结出硕果，回报天地。所以，为了让男孩学会保护自己，就要多为他们提供与社会接触的机会，让他们在社会中不断得到锻炼。

　　一个周日的早上，乔治起床，就听到了外面有敲门声。他打开门，看到一个 10 岁左右的小男孩。

　　乔治问小男孩："请问，你有什么事情吗？"

　　小男孩说："先生，您好，我叫杰西，请问您家里需要清洁工吗？"

　　乔治觉得非常奇怪，就问他："你是想到我家做清洁工吗？"

　　杰西认真地点点头，他说："是的，先生。"乔治笑着说："你这么小，能干什么呢？"

　　杰西回答说："我可以帮您收拾房间、修整草坪，您只要支付 6 美元即可。"

乔治又问他："你的家长知道你出来找事做吗？"

杰西说："这些都是我爸妈教给我的，他们想让我利用课余时间挣些零花钱，多到社会中进行锻炼。"

案例中，杰西的家长非常注重给孩子提供到社会中锻炼的机会，希望孩子通过锻炼能够学会如何生活，着实明智。所以，家长也要向杰西的爸爸妈妈学习，多给男孩提供到社会中锻炼的机会。

总是希望把最好的东西都给儿子，希望他们能够永远生活在自己的羽翼下，男孩怎么能长大？如何能独自面对激烈的社会竞争？所以，从现在开始家长就要为男孩提供锻炼的机会，引导他们得到更多的锻炼。

只有经过不断的锻炼，男孩的技能和心理承受力才能提高，整天窝在家里，什么都不做，只知道享受，不仅容易养成怯懦的性格，还会失去自我。因此，让孩子保护自己，为他们提供机会必不可少。

积极暗示——贴上"勇敢"的标签，男孩才能有勇气

人的性格固然有先天的因素，但是后天的环境也非常重要。家长是男孩最亲近最信任的人，也是男孩最先模仿的人。家长给男孩贴上"勇敢"的标签，能激励男孩养成勇敢的性格；而给男孩贴上"胆小"的标签，则容易使男孩胆小的性格更难改变。因此，如果想让男孩更有勇气，就要给他们积极的心理暗示。

小舟刚上幼儿园的时候，有一次张女士去幼儿园接小舟放学，顺便向老师问起了小舟在园的表现情况。

老师对张女士说："你儿子很聪明，但有一点不太好。本来会做事、会唱歌，老师让他到同学面前做或唱的时候，他就会找出种种理由拒绝，即使勉强答应，也不自然，或声音很低，或不敢看同学。"

这时，小舟从教室向这边跑来，妈妈叫住他，对他讲："你看，老师正在跟我夸你呢。说你现在进步可大啦，特别勇敢，还敢给大家唱歌，老师还要评你当'小歌星'呢。"老师也连忙附和。

这时，妈妈发现儿子脸上呈现了很得意的神情，没想到后来自己这番话出现了意想不到的效果，从此以后，小冉果真变了样，过去那种忸怩的状态不见了，后来还代表幼儿园参加了市声乐大赛。

对男孩的行为做出以偏概全的论断，会使男孩心理受创伤进而影响行为，与其这样，倒不如给他一些好的评价，让他鼓起勇气，改正不足。

心理学中，把这种给某人贴上某种标签、容易导致此人产生与标签相一致的行为，称为"贴标签效应"。这些标签不一定能从客观上反映这个人是什么，却能在一定程度上决定这个人将会"变成"什么。

对一个人的某种评价，就像给这个人贴上的某种标签。这种标签，会给当事人产生一定的心理暗示，使这个人的表现越来越与标签相一致。标签具有定性导向的作用，对一个人的自我认同有着强烈的影响。一旦他人的评价逐步内化为自我评价，认为自己是那样的人，就会朝标签标定的方向发展。

所以，在家庭教育过程中，为了让男孩变得更加勇敢、大胆，家长就要给男孩贴些具有激励作用的标签，不能给男孩贴那些能令他们胆小的消极标签，更不能给他们消极的暗示。

◆**让男孩勇敢，要用积极的语言暗示**

男孩的成长道路不是一帆风顺的，家长可以给男孩提供美味的食物、漂亮的衣服、各种玩具，更要给男孩一颗勇敢的心。男孩总要长大，没有勇敢之心，很容易被各种困难击垮。因此，家长一定要狠下来，让男孩用积极的语言暗示，让自己勇敢起来，做自己心中的超人。

在小浩一两岁的时候，每逢打雷下雨的天气，妈妈总会带他到屋檐下、露台上，指着云对他说："这像一座山，那像一只狗，这是狗的尾巴，这是狗的耳朵……"接着，会指着闪电说："闪电像一条带，多好看！"小浩也会快乐地用手指指点点，看云看电，一点都不害怕。

平时，小浩走路若摔倒了，妈妈总会让他自己爬起来，即使跌破了也不大惊小怪。学骑三轮小车的时候，偶尔车子倒了，人也翻倒在地，妈妈都不会将他扶起来，小浩经常会说一句："汽车翻倒了！"然后笑着扶起车子重新骑起来。

男孩的胆子大不大、勇敢不勇敢，主要依赖于家长的是怎样教的。男孩许多不必要的惧怕，大部分是由家长的暗示造成的。如果想让男孩胆子大一些，一方面家长要以身作则，一方面要施行良好的教育。

在教育男孩勇敢的时候，家长积极的语言是男孩成长的正信息，肯定男孩的优点和长处会让男孩感到自己行；消极的语言则是男孩成长的负信息，会强化男孩的弱点和不足，促使男孩以否定的态度来对待自己，从而丧失信心。

勇敢的男孩是自我暗示出来的，鼓励男孩多发掘自己的闪光点，抓住偶然出现的良好行为或思想，对自己进行积极的心理暗示，男孩就会变得勇敢起来。比如，希望男孩胆大活泼，就要让男孩对自己说："我是个勇敢的孩子，敢跟陌生人说话。"这些暗示虽然不可能真正帮助男孩改正缺点，但能够为男孩贴上"标签"，男孩受到了这些积极的暗示，就会变得勇敢、大胆起来。

◆鼓励男孩勇敢地表现

要想提高男孩的勇气，家长就要鼓励男孩多说话，勇敢地表现自己。

　　　　小南原是一个开朗胆大的男孩，可是不知不觉中，妈妈发现他变了。原来在人群中非常胆大，敢说敢笑的小南，突然变得胆小起来，说话的时候也总是先看妈妈的脸色。

　　　　有一次妈妈和客人谈话，小南插了一句嘴，无意中暴露了妈妈的秘密。妈妈又气又急，把小南教训了一番。小南不知道自己错在什么地方，开朗的个性受到压抑，说话做事也变得唯唯诺诺了。

　　　　后来，妈妈意识到了问题的严重性，和小南做了认真而全面的沟通，并告诉小南在大家面前的说话禁忌。没过多长时间，小南又变得活泼开朗起来。

在这个例子中，小南妈最初的做法就不太合适，既然希望小南勇敢，当小南勇敢地发表自己的看法时，就应当鼓励他，即使小南在客人面前说的话犯了禁忌，但他也是无心之过，不应该当众指责。

男孩胆小，很可能和家庭教育方式有关。如果在一个家庭中，男孩是独生子，家人过度爱护，刻意地保护，男孩就容易怕脏，怕危险，怕受伤；另外，男孩还会因为生活中缺少玩伴，缺乏锻炼的机会，而变得胆小和封闭。

另外，家庭不当的引导方式也会影响男孩，使男孩在成长的过程中丢失了勇气。很多家长虽然希望男孩有勇气，却在不知不觉中错误地引导了男孩。比如，男孩听话、温顺的时候，容易得到赞许；男孩出现了调皮、冒险、叛逆等行为时却经常受到批评，甚至有点叛逆精神的男孩还会被家长看作异类。于是，勇气就会远离了男孩。

同样，家长在教育男孩勇敢的时候，自己也要做个勇敢的人。比如，见到突然蹿出的老鼠或听到突发的声响等，不要失声尖叫，否则看到这个情景，男孩也会变得非常害怕。遇到某件事或物，当着儿子的面，即使家长感到害怕，也要故作镇定。当家长为男孩做出了勇敢的榜样后，男孩耳濡目染，自然也会变得勇敢起来。

第五章

耐劳：不怕劳动的男孩才能真正拥有幸福

多做家务——放手让男孩参加劳动，男孩才能得到锻炼

在男孩成长的过程中，家务劳动和他们的动作技能、认知能力的发展和责任感的培养，都有密不可分的关系。可是，就目前来说，很多家长已经成了儿子的保姆，把他们照顾得面面俱到，把让男孩高兴作为第一要务，总是将自己的事情置于脑后。这是一种让男孩家畜化、宠物化的做法，会让他们丧失原有的生存能力，最终只能变得依赖和任性。让男孩学习一下做家务，长大以后，他们才能独立生活。

吴女士家住常青花园，儿子小锅上高二，是住校生。从小到大，小锅从未做过家务活，进厨房的次数屈指可数。每逢周末，儿子总会带回一大包脏衣服，有时连袜子和内裤都要拿回来。

平时学习忙不做家务就算了，暑假了，小锅还是一样，吃完饭碗筷一放就到一边玩手机去了。有人问他为什么不帮家长做家务，他显得很有理："学习累，压力大，哪有时间？"

原本以为男生会不会做家务都没关系，可眼看着明年就要考大学了，小锅连基本自理的生活能力都没有，吴女士很苦恼也很

后悔，没早点让儿子学做家务。

意大利著名儿童教育家蒙太梭利说得好："儿童的快乐在于完成对他的年龄来说是伟大的工作；他真正的满足是对手头的事情付出最大的努力；他的幸福在于用最好的方式进行于身心有益的活动；他的身心和精神力量来自于练习和获得生活经验。"不要小看让男孩做家务。

男孩做家务，可以培养他的劳动技能，可以训练他的观察力、理解力、应变能力；随着做家务越来越顺手，男孩的能力和自信心也会得到培育和发展。当做家务成为男孩日常生活的习惯后，他们也会有参与感、成就感和荣誉感。家长培养男孩对家庭有责任心和归属感，能令他更加独立自主。

不仅如此，从小参与家务劳动的男孩，长大后更容易成功。研究表明：爱干家务的男孩和不爱干家务的男孩，成年之后的就业率为 15：1，犯罪率是 1：10。可见，要想让男孩成为一个合格的人，要想让男孩更好生活掌握生活的本领，就要从做家务开始。

男孩的自理能力怎样，直接取决于家长对于他们的态度。让男孩参与家务管理，就是我们平时所说的，让男孩做自己力所能及的家务事。比如：穿衣服、整理床铺、洗自己的袜子和整理自己的房间等。当然，这些家务劳动也可以和家长一起做，以不影响学习为前提，目的就是培养男孩的生活技能、劳动精神和家庭观念。

◆ 给男孩提供做家务的机会

意大利著名儿童教育家蒙太梭利说："儿童对劳动从来都不厌倦，劳动使他成长，劳动让他更具活力。儿童从不要求减轻他的劳动量，他喜欢独立完成某件事。"很小的时候男孩都喜欢帮助家长做事，他们把劳动当作游戏，兴高采烈地去做：洗衣服可以玩水，擦地可以拿着墩布舞来舞去，做饭的时候可以把面揉来揉去。这个时候，家长一定不要制止，鼓励他们去做自己喜欢的事。

> 乐凡爸收入不高，必须省吃俭用才能维持家里的生活。妈妈身体不太好，为了补贴家用，在外面打工，每天下班回到家里，都感到十分疲惫。
>
> 乐凡五岁的一天晚上，爸爸将乐凡叫到客厅，开口说："乐凡，今天我想和你说一件事，爸爸妈妈白天有自己的工作要做，而且妈妈身体不好，每天回到家里已经十分疲惫了，以后你也要帮忙做些家务，比如扫地、擦桌子。你替妈妈分担一些家务，让妈妈多休息一下。"
>
> 还没等爸爸的话说完，乐凡就犹豫地说："可是，我还想玩呢。"
>
> 这时候，爸爸问："乐凡，那你爱妈妈吗？"
>
> "当然爱。"
>
> "那就好，你妈既要照顾我们，又要工作，非常辛苦，如果你爱你妈，就要帮她做一些小事情，做完了再去玩。"
>
> 乐凡听后，懂事地点点头答应了。

爱男孩，就要给男孩承担家务的机会，从小培养男孩做家务的能力。例如：家长收拾屋子、洗衣服、做饭的时候，男孩做身边小事，比如：整理玄关的鞋子、清扫门前楼道、收取快递等。

家庭中，男孩能够胜任的家务有很多，要尽早为他们安排一些力所能及的家务，比如，升入小学一年级后，男孩在学校里学了加减运算，就可以派他去附近的商店买东西。买了东西，拿到找回的零钱，经历一下数学运算在现实生活中运用的过程，使他们切实感受到正确计算的重要性。成功地完成任务时，要予以表扬和感谢，提高他们的自信心。

◆ **多一些协商，少一些命令**

让男孩做家务的时候，尽量不要生硬地命令他们，要用温和的语气、商量的口吻。

小聪上小学三年级，爸爸妈妈经营了一家服装店，两人经常轮换着回家做饭。吃饭的时候，一般只有爸爸和小聪或妈妈和小聪俩。每次和爸爸一起吃饭的时候，爸爸就会板起脸，唱道："快去洗碗。"

那种命令式的口气，好像不洗碗就是大逆不道似的，真叫人难受。如果小聪稍不乐意，爸爸就会把嘴一抿，说："不洗也可以，这个星期就别向我要零花钱。"于是，小聪只好无奈地端起碗筷走进厨房。

妈妈从来都不会那样命令小聪。一次，妈妈准备拖地，小聪在一旁看着，妈妈就笑着说："我拖地，你帮忙擦桌子，好不好？"说着，妈妈递给小聪一块抹布，让小聪先去洗手间把抹布用水打湿、拧干，然后再擦桌子。

在小聪擦桌子的时候，看到他擦得不到位的地方，妈妈就会耐心地加以指导。等小聪擦完桌子后，妈妈还表扬了他几句，他非常开心。

小聪擦完桌子后，把抹布往那一扔，妈妈及时提醒他，做事要善始善终，要把抹布洗干净。怎么洗呢？妈妈教小聪先给抹布打上肥皂，然后用手搓一搓，再把抹布放在盛水的盆子里洗干净。

小聪不但学会了做家务，而且干得特别开心。

让男孩从小得到锻炼，没有错，可是，用命令的口吻要求男孩做家务，带着强迫的态度，就是对他们的不尊重。相反，家长应用商量的口吻，递给他做家务的工具，使儿子开开心心地答应做家务，在家务活中感受到快乐。做好家务后，可以表扬一下，强化男孩好行为；同时，不要太在意男孩做得好不好，不要重视结果，要重视过程，这样更有利于男孩保持做家务的热情。

让男孩喜欢上做家务，也是一件有技巧的事情，家长一定要选择合适的方法，尤其是对于男孩来说，他们更具有叛逆性，有时少一些命令、多一些协商，反而会取得意想不到的收获。

多做公益——鼓励男孩多参加公益活动也是培养吃苦精神的好途径

中国家长对男孩的爱向来十分深厚，愿意为男孩做所有事情，很多家长总是相信：儿子还小，不需要为家长做什么，等他们长大后自然会懂父母的良苦用心。其实，男孩一降生，就自带一本爱的收支账簿，一味将爱塞给男孩，让这本账簿全是收入，没有支出，爱就会淤积，男孩反而无法感受到别人的爱、无法将自己的爱播散出去。不懂得去爱，怎能得到认可和幸福？培养男孩吃苦耐劳的品格，就要鼓励他们多参加公益活动。

儿子今年已经九岁了，但是特别冷漠。通过最近一段时间的留意观察，妈妈发现儿子有点儿缺乏爱心。平时看到感人的电视剧他也会一脸冷漠，周围的同学和朋友遇到了困难他也漠不关心，在大街上看到流浪狗或流浪猫他甚至会毫无怜悯之情地踢上一脚……虽然他学习成绩很好，但是同学们都不愿意和他交往。因为过于冷漠，慢慢地他在学校就被孤立了。这让妈妈非常着急，到底怎么做才能培养儿子的爱心呢？

现在，物质生活提高了，但是男孩的吃苦意识却降低了，这似乎已经成了一个不争的事实。很多男孩好饭菜要独吃、先吃；衣服鞋帽要家长帮着穿、脱；只知道伸手向家长要这要那，对家长却从不关心，更不懂感恩，更不知道苦究竟是什么。这种只知索取，不知付出；只知爱己，不知爱人的现象已经让很多家长感到头疼。

其实，男孩并不是冷漠、麻木的。很多时候，他们表现得缺乏吃苦意识，可能只是认识和观念上的错误。为了被人称赞自己的坚强和勇敢，有些男孩会故意地表示自己很坚强；有些男孩则认为，自己表现得太有爱心，会让自己看起来不那么坚强，于是慢慢就会导致冷漠现象的产生。

如果男孩不懂吃苦，家长也不要太紧张、不要着急。一味地指责男孩，或者怨天尤人，不仅不利于问题的解决，还会对他们造成更大的伤害。家长应该先冷静下来，分析一下问题出在哪里，再想想可以采取哪些措施，从思想上扭转男孩的观念，让他们变得能够吃苦。如此，才能锻造真正的男子汉。

◆带男孩一起做慈善

对于一个人来说，财富、成功、机遇等都不是最重要的，如果没有吃苦意识，即使拥有所有的名利，也没有幸福可言；相反，只要懂得吃苦，即使是身无分文，处在人生的低谷，也不会觉得孤单，不会失去奋斗的希望。

杜女士是一位单亲妈妈，有个 11 岁的儿子。离婚之后，她没有像其他单亲妈妈一样抱怨命运不公，而是以挫折为动力，带动儿子一起积极投身到志愿者队伍中来，用大爱滋润着那些更加需要帮助的弱势群体。经历失败的婚姻后，杜女士也消沉了一段时间，之后决定和儿子共同成长，坚强面对生活，为儿子创造一个快乐氛围。一个偶然的机会，杜女士成为理想慈善大家庭的一分子。在她的潜移默化影响下，儿子也对公益产生了兴趣。

社会上总会有弱势群体的存在。关爱弱势群体，不只是全社会的责任，也是每个人应尽的责任。关爱弱势群体，才能更多地体会到"苦"的意味，才能更加爱自己。相信在这位单亲妈妈的影响下，儿子一定能成为一个内心充满爱、充满阳光的人。

男孩的吃苦意识不是靠强行灌输、不是在一夜之间培养出来，更不是没有原则、失去理智的溺爱换来的，需要通过家长潜移默化的渗透而逐渐形成，需要经历一个从外在到内在、从量变到质变的发展过程。

◆用爱心培养男孩的善良之心

健康的男孩就好比是一棵健壮的树，必须善良、正直，才能结出甜美肥硕的果实。所以，家长要把善良的根植入男孩心中，教他与人为善，将他们培养成心地善良、心灵纯洁的人。

小辉今年9岁，妈妈经常带着他进行献爱心活动，因此他是个富有同情心的小孩。平时只要有时间，妈妈都会领着小辉去福利院看望那些孤儿和老人，和他们一起玩耍、聊天，有时候还会给他们带去礼物。偶尔，妈妈也会将小辉的一些不再玩的玩具、穿不了的衣服等送给福利院的孤儿们。当然，这都是和小辉商量过的。

小辉很小的时候，不理解妈妈，总是将自己的东西抱在怀里，不让妈妈送给别人。慢慢地，经过妈妈的开导和教育，小辉懂事了很多，经常主动将一些用不着的东西送给福利院的孤儿。

2008年汶川大地震时，妈妈想要为灾区同胞们捐款，她觉得这是培养小辉善心的良好时机。于是，当电视上报道灾区的境况时，连忙将小辉叫过来，让他看那一幕幕的镜头。

小辉看到后很震惊，也非常难过。这时，妈妈对小辉说："儿子，你看他们遇到了灾难，多可怜啊。现在他们正是需要帮助的时候，我们来帮帮他们吧。"

小辉点了点头，又问："可是我们怎么帮他们呢？"

妈妈告诉小辉："我们单位组织给灾区捐款，我想捐一些钱，你自己想想应该怎样帮助他们吧。"

小辉想了想，就跑到了自己的房间。过了一会儿，小辉用力地搬出一个大箱子，里面有玩具、衣服、图书，还有一些零钱。

妈妈问小辉："这些钱是哪儿来的？"

小辉告诉妈妈："是我攒的零花钱。我要把这些都捐给灾区。"

妈妈听了很高兴，帮小辉将所有的东西都捐了出去。

案例中的妈妈对有困难的人表现出了真挚的同情，并且帮助了正遭受痛苦和不幸的人们，用自己的爱心感染、陶冶了儿子，以自己的实际行动在儿子的心中种下了善良的根。

爱，可以让男孩察觉别人的困难，并唤醒他们的良知与感情，能够让他们变得宽容而富有同情心，能理解别人的需要，更能伸出双手去帮助那些受到伤害和需要帮助的人。不会爱的男孩是可怕的，他的感情生活也将一片空白。因此，家长在给予男孩爱的同时，也要不失时机地对他们进行爱心教育，努力让他们的个性品质得到全面发展。

多加体验——让男孩体会大人工作和劳动的艰辛

男孩要什么就给什么，口袋里零花钱不断，生活被照顾得无微不至，生怕男孩吃了苦。这样做的结果，一是使男孩不知一饭一粥来之不易，二是使男孩生活难以自理，将来更难以自立于社会。生活中充满快乐和享受，但是家长必须告诉男孩：生活也是很辛苦的，并不像他们想象得那么轻松愉快。

今天公司为了迎接上级的检查，布置下来很多任务，以至于妈妈午饭都没有吃。一进门儿子小苇在客厅玩玩具，爸爸在厨房里做饭。

妈妈坐在沙发上，有气无力地对小苇说："小苇，今天妈妈很累，去帮妈妈把拖鞋拿过来好吗？"小苇玩得正起劲儿，听到妈妈这么说，虽然有点不情愿，可是看到妈妈没精神的样子，还是跑到鞋柜前，把妈妈的拖鞋拿了过来。

接着，妈妈又说："儿子，过来，帮妈妈捶捶腿吧。"小苇说："妈妈，等爸爸做完饭给你捶吧。我还要玩玩具呢。"妈妈装作很伤心的样子说："儿子，你是小男子汉，应该是妈妈的依靠呀，你都不管妈妈吗？"小苎听到这句话，立刻跑过来给妈妈捶腿。

这时，爸爸从厨房里端着菜出来，看到这一幕，高兴地说："小苎表现很不错，以后有你照顾妈妈，我出差就放心了。"小苎得意地晃晃小脑袋，小拳头捶得更有劲儿了。

这才是真正的爱，无数的经验告诉我们，只知怜惜儿子，不舍得让他们辛苦，这不是真正的爱，而是一种爱的误区。作为家长，一定要教会男孩为家人做事，让他们懂得为家人付出。

现在，物质条件好了，家里多半都只有一个孩子，家长便一门心思地想让孩子尽量少吃点苦。但男孩长大后，要面临生活、工作压力。所以，为了增强他的感触，可以让他摸摸你手上的老茧。有时间的话，还可以领他们到自己工作的地方去看看，让他们体会一下工作的艰辛，让他们明白：钱不是大风刮来的，是家长辛苦工作挣来的。当男孩觉得家长在外工作很辛苦时，自然就会理解家长的不易。这样一来，你的孩子就会为家长主动做些事。

◆ **互换角色，让男孩照顾全家人**

过惯了饭来张口、衣来伸手生活的男孩，由于家长的过分宠爱，导致他们缺乏吃苦耐劳的精神，从而难以体会生活的艰辛与家长的不容易，所以家长们应该对男孩进行吃苦教育。对男孩进行吃苦教育的时候，最佳的方法就是互换角色，让男孩当一回家长，感受爸爸妈妈的不容易。

小度放学回到家里，妈妈就督促他写作业、练琴。

小度心想：要是我当了妈妈，就不用写作业、练琴了。于是他提出，与妈妈互换"身份"。

妈妈答应了，但是有一个前提——如果小度当不好妈妈，就乖乖地当好自己。于是，角色互换开始了……

　　妈妈做着作业，肚子饿了，叫小度去做饭。小度第一次下厨，竟把饭煮糊了。

　　无奈之下，小度提议下馆子，可是妈妈不同意。随后，小度还要帮妈妈做工作、写汇报。

　　一番折腾之后，小度体会到了家长的不易，才安分地做回自己。

正所谓不当家不知柴米贵。不互换身份，男孩就不会知道家长的艰辛。很多男孩之所以不懂得体谅家长的辛苦，原因就是他们没有接触过实际的生活，不知道家长照顾他们的艰辛，总觉得一切都是理所应当的。这样的男孩，长大以后，必然会缺少生活能力。因此，聪明的家长，不妨跟男孩互换一下身份，让他们当家，照顾家人，试着体会做家长的感受。例如，平常都是叫他们起床，不妨让他们叫起床，让他们体验一下赖床对自己造成的不便。

另外，还可以让男孩做点家务，并学着采购家庭需要的生活用品，如此，既能让男孩理解了家长的艰辛，又可以提高他们的自理能力。在角色互换的过程中，家长观察和儿子之间的互动有没有不足、需要改进的地方。之后，与儿子好好交流一下，建立互信互赖、互相尊重的相处模式。

◆**让男孩学着照顾大人**

一个家庭一个娃，几个大人围着一个男孩转，他们就会理所当然地享受家长的照顾，不懂得家长的不容易。这样的男孩，长大了都会让人担忧，要鼓励他们为家庭撑起一片天，懂得照顾别人。

　　某天，妈妈和儿子同时得了肠胃炎。早晨，儿子就说不很舒服，妈妈只简单摸了摸儿子的头，在确定不发烧之后，就让儿子上学了。上午，妈妈开始肚疼，想想吃过的东西也没什么特别的，便吃了两粒消炎药。结果一点儿也不见效，而且愈发厉害。于是妈妈去医院打了一针，疼痛稍微减轻了一些。

中午回家。妈妈一看儿子脸色就知道他不舒服，随即让他也吃了消炎药。吃过午饭之后，考虑到下午的工作，也没能及时带着儿子去看。坚持到工作完成，才立刻给儿子请了假去看医生。在诊所，医生说，有点儿发烧，内热积得太大，需要输液。他们没有推辞。在儿子输液的过程中，可能是药液的缘故，不时地说嘴渴，要喝水。不知怎的，妈妈一点儿力气也没有了。医生看妈妈的样子，要她也同时输液。

儿子躺在床上，妈妈坐在床头，脑海里突然想象出要借机教会儿子学会照顾人。她说："儿子，以往在你生病的时候总是妈妈照顾你，给你拿药，给你端水，可今天，妈妈也不舒服。咱俩只有互相照应了。"躺着的儿子忽然说："妈，你也躺下吧，坐着多难受。"

儿子的针头拔掉后，小心地扶着让妈妈躺下来。把挂液体的架子也挪了又挪，生怕碍事；把被子盖了又盖，生怕妈妈冷。像妈妈一样，把垫的东西拿来让妈妈垫上，说是舒服一些。之后，便坐在床头，大人一样地开始照顾着妈妈。在诊所看病的人见了都夸他懂事。

男孩的道德情操和生存能力都是在生活的点滴小事中不断培养起来的，家长不要总把男孩当弱者，觉得他们什么都不会做。恰恰相反，要让他们适当地照顾大人，如此既能体会家长的艰辛，也能培养自己的生活能力。

苦中有乐——苦中作乐，让男孩在吃苦中找到乐趣

苏联教育家马卡连柯曾说："一切都让着男孩，牺牲一切，甚至牺牲自己的幸福，这就是家长所能给予男孩的最可怕的礼物。"如此，家长爱自己的儿子没有错，但关键看家长选择用什么方式去爱。过分的宠溺或以为满足男孩的一切要求就是爱，就是错误的，因为这样做只能让他们失去面对困难的勇气。因此，要想培养男孩吃苦耐劳的精神，就要让他们在吃苦中找到乐趣。

小健出生在一个条件不错的家庭，从懂事起，不管他要什么，家长都会给他买，毫不夸张地说，他从来都没有考虑过如果没钱了怎么办。因为，无论什么时候，只要他伸手，就能得到钱。上学后，还有专车接送，在外人眼里，他简直就是现实版的大少爷。

不过，生活永远不可能一帆风顺，在小健16岁那年，父亲的公司破产了，旗下所有的资产都被冻结，小健没有了车接车送，也不能大手大脚地花钱了；相反，还要帮父亲打理破产后借钱开的一家小餐馆。

　　小健觉得自己的生活崩溃了，一次在看中一双耐克鞋却没有
钱买后，小健离家出走了……

　　任何人的一生都不可能永远风平浪静，都是苦乐相掺、悲喜相伴。挫
折是生活中常常出现的内容，古今中外凡是有所成就的人，哪个不是历经
挫折与苦难？

　　男孩过着"小皇帝"般的生活，衣来伸手饭来张口，基本上是要什么
给什么。按理说，在这样的环境下长大，应该更懂事，可事实却截然相反，
过多的溺爱与经济上的放纵，让很多男孩缺少了奋发图强的精神。

　　中国自古就有"贫穷的男孩早当家"的说法，其意思就是说，无论家
庭环境是好是坏，都不能娇惯孩子，让他在贫穷的环境中长大，可以使男
孩体谅到家长生活的不易，从而勇敢地担当起生活的重任。

　　有钱难买少来贫，少年时期的"穷"有助于激发男孩奋发图强的斗志，
使他们在成功的道路中克服一切困难。所以，作为家长，想要让男孩成材，
就要穷养。当然，这里所说的"穷"，并非要男孩吃糠咽菜，也不是要让
他们承受非人的折磨和痛苦，而是要减少在他们身上的物质投入，使他们
从童年时代起，多一些锻炼，少一分娇惯，体会吃苦的乐趣。

　　◆提高男孩的抗挫能力

　　许多家长在培养男孩的吃苦精神时，容易陷入一个怪圈，以为吃苦教
育就是让男孩尝点苦头。事实上，吃苦教育的目的是培养男孩抗挫折的能
力，人为地让男孩吃苦并不是挫折教育的本质。

　　小虎的抗挫折能力比较强，老师和同学都说他对待挫折的态
度非常积极。其实，以前小虎遇到挫折的时候也常常灰心丧气，

只不过幸运的是，小虎有一个教导有方的好妈妈。

一次幼儿园举办亲子活动，妈妈和小虎一起兴冲冲地堆积木。妈妈堆到了第四层，小虎也要堆，结果手一按，积木不但没有堆上去，反而全倒了。小虎特别生气，用手把积木扔开，还狠狠地踢了一脚，发了很大的脾气。

妈妈试图安慰他或通过拥抱来鼓励他，可是她忽略了小虎正处于愤怒期，任何的语言和行动在这一刻都是无效的。小虎推开了妈妈，一个人趴在地上伤心地哭起来。

妈妈在一旁静静地等待着，等小虎发泄完毕、冷静下来时，耐心地为小虎做示范，并详细地为他讲解了搭积木的技巧。小虎认真地听着、看着，并在妈妈的指导下亲手完成了积木的搭建。从此，小虎也懂得了生气和发火对于挫折来说都是没有用的，只有积极地面对才是解决问题的最好办法。

每个男孩都是家长的宝贝，大部分家长都想竭尽所能，为他们铺垫一条没有崎岖、不会摔跤的平坦大路。但是，现实的生活摆在面前，越是没有经历过挫折的男孩，长大后的生活应变能力会越差；从小无微不至的呵护，反倒可能成为未来的隐患。

一位美国儿童心理学家说："有十分幸福童年的人常有不幸的成年。"童年很少遭受挫折的男孩，长大后会因为不适应复杂多变的社会生活而痛苦不堪。举个简单的例子，要想让男孩学会游泳，必须给他提供下水的机会，如果连水都不沾，怎么可能学会？所以，一定要让男孩适当经受一些挫折，让他们在挫折中增强抗挫能力。

◆不要给男孩太多零花钱

作为男孩的家长，我们不可能跟男孩生活一辈子。当男孩长大后，脱离了家长的怀抱，又该怎么办？那个时候，家长还有多少能力来为男孩遮风挡雨？所以，家长要舍得让自己的男孩吃点苦。

对男孩进行吃苦教育的方式有很多，例如，不包办男孩的事情，到了一定年龄就让他在家里承担一些家务，如洗碗、扫地等。除此之外，还要在经济上给男孩吃点苦头，不要给男孩太多的零花钱。

13岁的小谢是家里的独苗，家里人都宠着他，基本上他要什么就给买什么，每个月不但家长会给他很多零花钱，爷爷奶奶、姥姥姥爷还要给他一部分，不夸张地说，小谢的零花钱数额是班里的"首富"。

一开始，家人都不觉得这样做没什么不好，但是渐渐地，他们发现小谢回家的时间越来越晚，后来竟然彻夜不归。爸爸开车去找小谢，竟然在一家游戏厅里找到了他。通过询问后才知道，原来这段日子小谢每天放学都来，有时还会请同学一起来。爸爸看着不争气的儿子，不知道说什么好。

相反，小谢的同学小海却与他有着截然不同的境遇：

爸爸妈妈都是国企职员，生活也算富裕，但是他们从小就注重培养小海对金钱的意识，小海很小就知道：钱财来之不易，不能铺张浪费。小海明白了家长的苦心，从来都不乱花钱。长辈给他的零花钱，他基本上都不花，他会存起来，或捐给贫困地区的小朋友。

因为了解家长赚钱的辛苦，小海在家里的时候，还经常帮着

家长做家务。此外，小海的学习成绩也非常好，总是排在班里的
前 5 名……

有句话说得好："自古寒门出贵子。"不管家长如何富有，在满足男
孩的物质愿望方面还是应该"吝啬"一些。太多的物质享受，对男孩的成
长并不是好事，因为这会消磨他们的意志。

"贫穷"不会让男孩损失什么，反而会成为他们日后的一笔宝贵财富。
让男孩现在穷一些，他就会懂得赚钱的不易，明白要想生活好，就要努力
学习、考大学、读研究生、找工作等。因此，家长不要给男孩提供太优越
的物质条件，要让他们从小就养成艰苦朴素的优良作风。

第六章

乐观：悲观永远都不会跟乐观的男孩连在一起

与人相交——鼓励男孩多交朋友，男孩会更乐观向上

无论在家庭中还是在学校里，许多男孩都很难融入集体，难以交到知心朋友。他们不懂谦让、不知分享，有的过于争强好胜，有的霸道蛮横，有的斤斤计较、容易生气……同学都不喜欢和这样的男孩相处，而他似乎对朋友也不屑一顾，不愿意和别人交流。如此，男孩就容易形成孤僻、自闭等不良性格，对他的身心健康十分不利。因此，要鼓励男孩多交朋友。

小磊是个性格内向的男孩，无论是亲戚、邻居家的孩子，还是学校里的同学，几乎都跟他合不来。

每逢星期天，小磊都会一个人在家里写作业，写完之后要么看电视，要么自己看书，要么和宠物狗玩耍。

每当看到小磊一个人待着，妈妈就会"撵"他出门："磊磊，你看外面有很多小朋友在玩游戏，你也去同学一起玩吧。"

小磊不愿意："不要，我自己想玩什么就玩什么，多好！"

妈妈对小磊说出了自己的想法："人多了才热闹啊，你和他们一起能玩到许多从来没有玩过的游戏，一定能很开心的。"

小磊却不屑地说："和他们在一起玩能有什么好开心的，我才不喜欢和他们玩呢。"说完，小磊就继续做自己手中的事情，妈妈的劝说每次都会以失败而告终。

在学校里也一样，小磊总是独来独往，其他同学在一起又打又闹，小磊就一个人在自己的座位上待着，即使和坐得最近的同桌，一天也说不上几句话。有时候，一些热情的同学邀请小磊加入他们的行列，小磊也总是拒绝。渐渐地，其他同学也就不再喊他了。

妈妈感到既着急又无奈，一个男孩，没有几个"狐朋狗友"哪能行呢？

不可否认，相对而言，独生子的生活是孤单的、寂寞的：祖辈年纪大，与之有代沟，家长忙于工作，又没有兄弟姐妹，男孩只好和玩具、图书、电视、宠物或保姆在一起。可是，男孩从小学、初中到高中需要12年的时间，这个阶段正是他们人格发展以及建立和谐人际关系的时期，男孩与朋友、伙伴之间的交往是他人际关系中最重要的。

男孩交朋友是件好事，其好处有很多：有了伙伴，可以相互帮助，取长补短；相互之间的影响力，有时会大于家长、老师教育的力量。比如，勤奋的男孩往往能带动懒惰的男孩；一个男孩有困难，伙伴们会主动帮他解决问题……有了伙伴，可以激励他们的竞争意识，这比家长教育男孩争第一要有效得多。

美国著名的人际关系学大师卡耐基认为："要想在社会上获得成功，在拥有才能的同时，必须有很强的人际协调能力。"所以，要想让男孩在竞争日益激烈的社会中取得卓越的成就、立于不败之地，就要增强他们人际交往能力的培养。所以，家长在抽时间陪伴男孩的同时，也要让他广交朋友，如此，无论任何时候，只要他们觉得孤独，都会有几个"好哥们儿"陪他在一起。

◆教给男孩必要的交往技能

要让男孩结交到情谊深厚的"好哥们儿"，家长要有意识地向他们灌输一定的交友技巧，让他们清楚应该怎样做或者不应该怎样做，避免因不会与他人交往而伤及和小伙伴之间的感情。

小晨是个很懂礼貌的男孩，为人厚道，从小就有很好的人缘。他有几个固定的"死党"，使身为独生子的他从来没有孤独感。

平时，妈妈经常提醒小晨，和小伙伴在一起的时候，要多商量，不能太霸道，不能什么事情都自己一个人说了算；说话时要注意自己的言辞，避免出口伤人；即使玩得非常好的朋友，也要分得清自己和他人，玩别人的玩具之前，一定要征得主人的同意，得到允许后才可以玩；玩游戏时，即使想赢，也要遵守游戏规则，不能耍赖；要以平和的心态对待输赢，赢了不能骄傲，要把自己的本领教给伙伴，输了找到原因，知道下次应该怎样做。

小晨也难免与朋友发生争吵，每次和朋友闹了别扭，小晨都会向妈妈倾诉一番。这时，妈妈都会耐心地倾听，并且帮助小晨分析、解决问题。确实是小晨受了委屈时，妈妈会教给他如何让对方向自己道歉，并且原谅对方；当然，小晨也有犯错的时候，这时妈妈就会让他主动向对方赔礼，直到两个人和好如初。

就这样，在妈妈的指导与帮助下，小晨获得了许多无比珍贵的友谊。

从这个案例可以看出，只有懂得礼貌、宽容和忍让的男孩才能结交到许多好朋友，所以，家长要教育男孩尊重、体谅小伙伴，多为小伙伴考虑。这样在交往中才不会碰壁，与朋友才能相处得更加融洽、长久。

交往能力强，对男孩来说有百利而无一害。善于与他人交往的男孩，在学校不仅能从容地与同龄人交往，还能从容地与老师等成人交往。而男孩是否善于同别人打交道，在人群中人缘如何，对他们以后的学习和人生发展都有很大影响。因此，家长要从小教给男孩基本的交往技能，比如：表达方式要客气。表达要清楚、明白，要改变说话的不良习惯，准确表达语意，要多用礼貌用语，如"谢谢""对不起""没关系"等；要真诚地对待别人，学会换位思考，要与他人心心相通，将自己的感情融入对方的感情中，耐心倾听别人表达想法等。

如果男孩能够做到这两点，那么他的人缘一定会很快好起来。

◆让男孩多接触同龄人

有些男孩之所以会形成内向的性格，最主要的原因就是总是一个人孤单地待在房间里，很少有机会接触小伙伴，很难体会到与小伙伴玩耍打闹时的乐趣，渐渐地就不愿意与人交往了，就会变得越来越孤僻。因此，要想让男孩学会与人交往，就要鼓励他们多接触同龄人。

　　小豪的爸爸妈妈工作非常忙，很少有机会带他出去玩。为了弥补儿子小豪，爸爸妈妈给他买了很多玩具，还给他买了一只玩具狗。可是，小豪现在越来越不爱和他们说话了，只愿意和自己的玩具狗说话。

　　有一次，妈妈去幼儿园接小豪的时候，老师说："小豪特别内向，很少和小朋友们一起玩儿。"

回到家后，妈妈把老师的话告诉了老公，他们都很替儿子担心，不希望儿子变成这样。

经过商量，他们决定每个周末都要抽出 3 个小时的时间陪儿子出去玩。

一个周末，爸爸对小豪说："儿子，我们去楼下玩儿吧。"

小豪好像一点儿兴趣也没有，他说："我不想去。"

爸爸说："今天是周末，下边有很多小朋友呢。你不想和他们一起玩儿吗？"

小豪说："不想。"

没办法，妈妈只好说："儿子，妈妈特别想到楼下去散散步，你就陪陪妈妈好吗？妈妈自己出去没意思。"后来，在爸爸妈妈的再三劝说下，他终于答应去楼下了。

到了楼下，果然有很多小朋友在那里玩游戏。

爸爸故意跟妈妈说："那些小朋友玩的是什么游戏？一定很好玩，你看他们笑得多开心啊。"

小豪站在一边看着那些小朋友，爸爸说："要不要跟他们一起玩？"

小豪说："他们玩的游戏真的那么有趣吗？"

爸爸笑着说："你去跟他们玩一会儿不就知道了？"

看着儿子有点儿动心了，妈妈摸着他的头说："去试试吧。"

小豪慢慢腾腾地走了过去，在旁边站了一会儿后，又开始看爸爸妈妈，爸爸妈妈笑着说："快去吧，肯定很有趣。"

小豪跟其中的一个小朋友说了些什么，然后就加入到游戏中去了。一会儿，他就像其他小朋友一样，开心地笑了起来，玩得非常尽兴。等到游戏结束的时候，他已经是满头大汗了。他在和刚认识的朋友一一道别后，就跟着爸爸妈妈回家了。

爸爸说："怎么样，好玩吗？"

小豪非常有兴致地说起了他在游戏时的快乐感觉，说完之后，对爸爸妈妈说："我以后还要和他们一起玩。"

妈妈笑着说："好啊，你以后不仅可以和他们一起玩，还可以和幼儿园的小朋友一起玩。"

后来，小豪越来越愿意与人交往了，脸上也总是挂着灿烂的笑容。

案例中，爸爸妈妈通过鼓励小豪多与同龄的小伙伴玩，让他体会到了与小伙伴玩耍时的乐趣。慢慢地，小豪不再像以前那样内向了，他变得越来越爱笑了，越来越开朗了。

同龄人一般都有共同的兴趣爱好，也更容易赢得共鸣，因此要鼓励男孩多跟同龄人相交。比如：幼年的时候，要鼓励他们跟同龄人一起玩游戏、玩玩具；少年的时候，要鼓励他们跟同龄人一起学习、一起探索、一起攻克难关。

少点悲观——把快乐传递给男孩，让男孩更加乐观

乐观是一种优秀的品质，可以使人看到事情积极的一面，并期待最佳结果。事实告诉我们，人生成败只是一种心态，心态乐观，就会获得积极的人生。因此，要想减少男孩的悲观情绪，就要将快乐传递给他们，让他们多一些快乐。

小华是个初一的男孩，很聪明，学习成绩也非常好。但是一遇到困难或不开心的事情，总是表现得非常悲观和消极。

有一次，小华数学测试只考了99分，那一分是因为一道计算题的最后一步计算错误丢掉的。这原本也不是什么大事，可小华却一直耿耿于怀。他觉得自己的成绩越来越差，爸爸妈妈一定很伤心。小华还想，"如果我的成绩继续降下去，中考一定不能考上好学校，又怎能考上大学呢？"

回到家后，小华依旧闷闷不乐。父亲发现他的情绪不对，便细心地询问，小华说出了自己的忧虑。父亲耐心地开导他："一次小小的失误不代表什么，要乐观一些。"可是，小华根本听不

进去，一味沉浸在那份失误中不能自拔。

乐观和悲观，是两种性质截然相反的思想情绪。乐观者认为，有利的、令人快乐的事情不仅是永久的，还是普遍的。他们能努力促使好事发生，一旦发生不利事件，也能将其视为暂时性的，不具普遍意义的，对其发生原因能采取乐观豁达的态度；而悲观主义的人思考的恰恰相反，他们认为好事总是暂时的，坏事才是永远的。在解释坏事发生的原因时，他们也常常犯错误——或每件事情都责怪自己，或全都诿过于他人。

即使在最坏的境遇里，乐观的男孩也能看到和享受到自己拥有的东西，获得快乐的情绪体验；而悲观的男孩即使拥有许多东西，也只关注自己没有的。由此可见，一个人的性格是乐观还是悲观，与个人的客观条件没有绝对关系。

乐观是男孩取得成功的重要条件之一。当男孩在学习和生活中遇到困难和挫折时，用悲观的态度来面对，就会情绪低落、失去进取心，失去对抗挫折和失败的信心和力量；用乐观的心态来面对，就会对未来充满希望、努力进取，直至成功。因此，家长应该努力帮助男孩形成积极乐观的性格。

◆培养男孩乐观的心态

曾经有句俗语："如果你断了一条腿，那你应该感谢上帝不曾折断你两条腿；如果你断了两条腿，就应该感谢上帝不曾折断你的脖子；如果断了脖子，那你就没什么好担忧的了。"这句话很好地表明，同样的一件事，换个角度看，就能看到另一面，就能排除消极、悲观等因素，以积极乐观的态度面对。

小冬虽然今年刚满 10 岁，但是他却非常乐观、积极。

一天，小冬独自一人哼着歌，背着比他的背部还宽大的画板去培训班上课。

邻居看到了，问他："小冬，是不是刚从培训班回来？"

小冬说："我正要去上课。"

邻居非常疑惑："为什么你能这么开心地去上课？"

小冬说："因为绘画课非常有趣，绘画也让我觉得未来很美好。"

男孩的情绪非常容易受到他人的影响，家长应该及时察觉男孩的情绪变化，为他们驱逐内心的阴影，引导他们看到自己的进步和成绩，引导他们憧憬未来，热爱生活，对前途充满希望。

乐观的男孩总认为自己是幸运的，即使遭遇挫折，还会坚信自己有能力改变现状，会拿出自己最好的状态与挫折做斗争，直到把挫折打败。因此，乐观的性格是男孩应对人生中悲伤、不幸、失败、痛苦等不良事件的有力武器。

可是，乐观的心态不是天生的，只有经过科学的教养，才能乐观起来。生活中，家长要以身作则，即使遇到困难或者不如意的事情，也要乐观面对。例如，下班路上遇到大雨挨了淋，不要在男孩面前抱怨，要告诉男孩雨中漫步的感觉也不错；男孩遇到困难或者挫折时，要指导他看到事物积极的一面。

◆引导男孩学会自我调节

在家庭中，家长要随时注意指导男孩排除自我心理障碍，学会自我调节情绪，使悲观情绪、不良情感或其心理障碍及时得到化解，也就不会导致悲观性格的形成了。男孩心情不好，一定要让他们尽量诉说，发泄出来，不要让他的委屈长期压在心头，更不要不问青红皂白地批评、斥责；还可以回避让男孩敏感、忌讳的话题，或者转移他们的思路，减轻其心理负担等。家长对待男孩的态度，是乐观性格形成的重要因素。因此，一定要引导男孩学会自我调节。

　　小冬放学回到家中，闷闷不乐地回到自己的房间，并把房间的门关上。妈妈感觉不对劲，就切了水果，敲门进去了。

　　"今天学校发生了什么事，这么高兴？"

　　"没有高兴事，但是有伤心事。"小冬不高兴地回答。

　　"为什么？什么伤心事，能告诉妈妈吗？"妈妈小心地问道。

　　"今天我们班选班长，多数同学都选了高越，只有少数的几个选我。"小冬伤心地说。

　　"多数同学选高越做班长，说明高越身上优点比你多。你要向他学习，然后比他更积极地表现，说不定下学期，同学们都选你了。"妈妈试图引导小冬。

　　"可是，我现在就想当班长。"小冬有些着急了。

　　"现在，你在同学中的威信不太高，即使当了班长，同学也不会服你。利用这段时间好好表现，下学期不要说当班长，还会被评为三好学生，你说是不是？"

　　妈妈问道。"嗯，好像是。"

　　小冬同意了妈妈的看法，开始高兴地吃起水果来。

　　男孩闷闷不乐回到家中，家长不闻不问，有的则是劈头盖脸，一顿批评，在压抑的家庭氛围中，男孩自然会成为受害者。压抑或敌对的家庭氛围会让男孩失去安全感和乐观精神，长此以往，男孩就无心去学习，越来越悲观厌世。

随着年龄的增长，男孩的自我意识越来越强，会渐渐具备自我分析能力。但是，他们毕竟年龄小，自我分析能力弱，无法在短时间里得到正确的结论，遇到问题的时候，很容易封闭自己。这时候，家长就要发挥自己的引导作用，引导他们学会自我调节。

辩证待物——坏事有时也是好事，让男孩辩证地看待事物

很多男孩都喜欢追求完美主义，对自己要求严格，甚至还会跟自己较劲，容不得自己有任何的过失和错误，一旦犯错就耿耿于怀，不原谅自己。表面上看起来，这种"完美主义"似乎可以使男孩进步，但过于追求完美，会对男孩的身心健康造成危害。

男孩对自己的要求过于严格，就会产生巨大的压力，很可能陷于一种消极的状态中，继而悲观、抑郁。为了消除这种隐患，家长就要引导男孩辩证地来看到事物，不要一棒子打死。

小洋成绩优秀，深得老师的喜爱。他学习非常认真，作业清楚整齐，对待所有事情都一丝不苟。比如，写生字时，如果有一个字觉得没写好，就会用橡皮擦了再写；如果感觉依然还是不好，就继续擦继续写。如果还是觉得不行，他就会撕掉这一页，将所有的生字再誊抄一遍。

妈妈有时候会说："已经写得很好了。"但小洋却不听，依然如此。如此，小洋每次写作业的时间都会很长，原本半小时的

作业，经常能写两个多小时。

为了把小洋这种为了追求完美而浪费时间的坏习惯改过来，妈妈特意带他爬了一次香山。此时正值秋天，满山红叶似火，小洋在前面又喊又叫，大声对妈妈说："真是太美了。"

下山的路上，妈妈把小洋领到一棵枫树前，让小洋仔细看树上的枫叶，小洋看到很多枫叶被虫子咬了窟窿，还有很多枫叶残缺不全，这让小洋感到很失望。

这时，妈妈对小洋说："残缺的枫叶并不会影响满山红叶的美，很多人都来欣赏红叶就是不错的见证。任何事物都是不完美的，学习也一样。为了把一篇作业写得完美而浪费时间，失去了玩耍或看书的时间，非常不值得。"

听了妈妈的话，小洋又回头看看满山的红叶，点了点头。

人人都希望完美，随着年龄的增长，男孩也会有这样的期望。虽然追求完美可以代表一种积极向上的态度，但是也不能因此而产生一些不正常的举动。现实生活中，很多男孩也受到完美主义的影响，这种追求看似积极向上，实际上却会影响男孩的心理健康。只有辩证地看待问题，才能对事物形成正确的认识。

◆让男孩了解自己的能力，量力而行

为了纠正男孩的不正确生活态度，家长要引导男孩正确认识和评价自己。对自己要求过于苛刻的男孩，往往对自己的评价过低，他们只看到自己的缺陷，而忽略了自己的优点。因此，要想提高辩证能力，就要让男孩正确认识和评价自己。

　　妈妈经常会给小智制定一些短期内能够实现的目标。每次给小智订立目标之前，她都会充分考察儿子目前的学习成绩、对知识的掌握情况、目前的学习状态等，然后把这些情况进行综合分析，最后订立合适的目标。

　　小智以前不喜欢学习，可是自从妈妈给他订立合适的目标之后，慢慢地变得爱学习了。小智非常喜欢妈妈给他订的学习目标，因为每次只要他稍微努力一点儿，他就能够达到。这种教育方式让小智对自己的学习越来越有信心，也越来越有兴趣。

　　妈妈通过对小智学习情况的掌握和分析，给儿子制定出一个个能够很容易就达到的学习目标，尽量让儿子做到量力而行。在这个过程中，儿子也慢慢地变得爱学习了。由此可见，家长要根据男孩的能力来给他提要求，盲目地追求高标准，对男孩没有任何好处。

　　英国心理学家珀涅罗珀·里奇曾经说过："家长扮演的角色就如同登山指导员，不要靠脚踢、吼叫把你的小登山运动员逼上山顶。"这句话说得非常有道理，家长要扮演好自己的角色，不顾男孩的感受对他进行拔苗助长式教育，只会让他对你们的教育越来越厌烦。要对男孩进行正确的教育，给他们最需要的爱，如此男孩的生活才会更幸福，未来才会更值得期待。

　　在日常生活中，要告诉男孩：对待任何事情都要把握好恰当的度。对自己过于苛刻，自己稍有不足就长期郁闷在心，不肯轻易宽恕自己，就是对自己的不负责任；要教男孩善待自己、宽容自己、鼓励和赞美自己，自信地面对未来。

◆耐心教导，让男孩正确评价自己

很多人总以为自己是最厉害的人，殊不知天外有天，人外有人。作为家长，一定要让男孩正确认识自己，才能防止男孩骄傲。

儿子从小便喜欢看书，一年级就把《三字经》和《论语》读熟，三年级就开始读小说并写读书笔记。因此，老师和家长都很喜欢他，同学们尊称他为"班级小博士""四年级的百科全书"。在同学的表扬中，儿子开始变得飘飘然了，有点骄傲自大，总喜欢向别人卖弄自己的"本领"。

在一次社区活动中，儿子做了一名社区服务员，他陪一位老爷爷聊天。他一开始就对老爷爷说："别看我年龄小，我懂的知识可不少，无论和谁在一起，我都有话说。"老爷爷总是不说话，笑着听他不停地说。当他们谈论到抗日战争时，儿子就只能是张着嘴听着老爷爷讲，并且听得津津有味。后来他才知道，老爷爷是当时部队里的通讯员。他低下了头感慨道："看来我要学的东西还有太多。"从此，儿子再也不向别人卖弄自己的学问了。

男孩过高地估计了自己，认为自己比谁都强，只看到自己的长处，看不到自己的短处；他们拿自己的长处跟他人的短处作比较，以自我为中心，想干什么就干什么，不会设身处地地替别人着想。

作为家长，要耐心地教导男孩，让他们学会正确地评价自己，既认识到自己的优点，又看到自己的不足。此外，还要规范男孩的行为，督促他们改正自负情绪，并加以训练和指导，使其养成良好的行为习惯。

同时，要告诉男孩：对那些不可改变的缺陷或已成现实的失误，要学会忽略和宽容。如果一个人天生身体有缺陷，再怎么责怪自己也无济于事，倒不如忽略这些，只看自己的长处，并且发挥出来。同样，只有宽恕自己，给自己更正错误的机会，才是理智地选择，要引导他们以自己的方式生活，做自己。

不贬自己——让男孩客观评价自己、正确认识自己

相信自己是什么，就会是什么；心里怎样想，就会成为怎样的人。从心理学上讲，这也是有一定道理的。每个人的心里都有一幅蓝图，或一幅自画像，如果想做最好的自己，就会成为最好的自己。美国哲学家爱默生曾说："人的一生正如他一天中所想的那样，你怎么想，怎么期待，就有怎样的人生。"同样，对于男孩来说，正确地看待自己，才是最重要的。

男孩今年7岁，小学一年级，暑假过后就上二年级了。以前妈妈和爸爸工作很忙，男孩从小都是老人带得多。现在上小学快一年了，妈妈觉得他不是特别自信，总认为自己不如其他同学聪明能干，有些自卑。

一次带儿子参加聚会，很多人都带自己的孩子去参加。为了活跃气氛，一个朋友提议说让自己的孩子表演个节目，多数孩子都按照大人的意思表演了一个自己拿手的节目。这时，妈妈也鼓励男孩上去唱一首歌，因为她知道儿子平时也会唱一些歌曲，而且唱得还不错。可是无论她怎么鼓励，儿子就是不唱，他还说："我

不会唱。"

　　妈妈觉得自己很没面子，就说："你这个孩子，平时在家里不是经常唱歌吗，今天怎么还害羞了。"男孩的脸突然就红了，没有说话，直接低下头开始吃东西："我真的不会唱，别人都唱得挺好的，我真的不行……"

　　在现实中，有太多这样的男孩，他们不能客观地看待自己，只会否定和贬低自己、抬高别人，总感觉自己的能力、才智不如别人，什么都比别人差；他们不相信自己的能力，办起事来爱前思后想，总怕把事情办错被人讥笑，缺乏毅力，遇到困难畏缩不前。一旦在学习和生活中遭遇困难，他们就会责备自己。其实，这是一种不自信的表现，是极大的自卑。

　　自卑是一种人格缺陷，是一种不平衡的行为状态。男孩长期活在自卑之中，被自卑所笼罩，就会严重影响身心发展和人际交往，这样的男孩，即使非常聪明，也会因为自卑无法将自己的智慧发挥出来。

　　自卑，是一种消极的自我评价或自我意识，是一种失去平衡的行为状态。在自卑心理的作用下，男孩遇到困难、挫折时会出现焦虑、泄气、失望、颓丧等情绪，心情沮丧，情绪低落，几乎失去奋斗的勇气。因此，要想让男孩乐观起来，就要让他们客观评价自己，正确认识自己。

　　◆ 发现男孩的闪光点，认可男孩

　　每个男孩身上都有闪光点，如果想让他们看得起自己，就要不断发现他们身上存在的闪光点，认可他们，引导他们正确看待自己。

　　李哲大学毕业后，应聘到一家跨国企业，任销售部助理，两年后就当了经理，五年后成为中国区销售部总监，成为同龄人中的佼佼者。说起自己的成长之路，李哲非常感谢妈妈对自己的认可和支持。他说：

小时候的我人缘很好，且善于解决问题，同学们都很信服我。不管是小学，还是中学，只要跟同学在一起玩，我都是那个拿主意、做决策的人。那时候的我根本就不知道什么领导力，但我妈却发现了这一点，并开始有意识地培养我的组织力和领导力。班里竞选班长或课代表，她会鼓励我竞选；跟同学在一起，她鼓励我做"领头羊"；学校组织社团，她会鼓励我参与。最后，甚至还将家里的事情也交给我，让我来安排，她和我爸则只负责具体执行。这些事情我做的一点都不费劲，渐渐地我的组织力和领导力就增强了，我也爱上了领导，每次带着大家做完一件事情，我都会感到非常有成就感。同时，为了让我的能力更强，我妈还告诉我要想当好领导还需要具备哪些能力，比如：语言表达力、问题解决能力等。我一点点地完善自己，结果从小学到大学，都是班干部。工作后，自然就能胜任领导岗位了。

每个男孩都有自己的闪光点，关键是家长能否发现。案例中的李哲组织力和领导力比较强，他妈在生活细节中看到了他的这种潜在能力，并做出支持和引导。她用一种开放的心态发现了儿子、教育儿子，才有了后来的"中国区销售部总监"。试想，同样的情况，换成另一位家长，如果没有敏锐的洞察力，能否成就同一个人呢？

认可，对男孩的一生非常重要！为了让男孩正确认识自己，家长就要多观察，努力挖掘他们身上的闪光点和亮点，肯定他们的优势，给他们以鼓励，引导他们正确认识和评价自己，继而不断努力。

◆ 不挖苦，男孩才会不贬低自己

随着男孩的成长，他们也会希望有尊严，希望受到他人的重视和尊重。同时，在成长过程中男孩又会难免犯错，需要家长进行适时、适当的教育。挖苦、讽刺等强烈的刺激，超越了男孩理智能接受的范围，是对他们人格的羞辱，会刺伤他们的自尊。采取这样的方式对男孩进行教育，往往适得其反。

小强活泼聪明，五岁时，就已经会背唐诗、数数、画画，在幼儿园里经常得到老师的表扬。可是，爸爸却总是批评他。有一次，小强画的画，在班里得了三等奖。他兴冲冲地跑回家拿给爸爸看，爸爸却说："不要骄傲，只得了三等奖。"渐渐地，小强对什么都不感兴趣，干什么都提不起精神来了。读小学三年级时，一次考试没考好，爸爸看在眼里，急在心里，便大骂："你真是猪脑子！连这点知识都学不好，长大了会有什么出息！"

有些家长想通过一些刻薄的话来刺激男孩，希望男孩能奋起。殊不知，故意轻视、贬低男孩的能力，也是"精神惩罚"的一种表现。不理智地分析男孩考试失利的原因，不帮他们找到补救的办法，而是恣意对他们全盘否定，会对他们的自尊心会造成极大的伤害；而且时间一长，男孩还会认同家长的这种看法，对学习失去应有的信心，甚至破罐子破摔。

为防止男孩产生骄傲情绪，贬低他们的进步，盲目地拿其他孩子的长处和自己儿子的短处相比，责骂训斥，讽刺挖苦，不仅会让男孩看不到自己的长处，还会从小萌生自卑意识。而自尊心从小就受过挫折的人，会出现很多心理行为的障碍，比如：自我否定、缺乏爱心、焦虑等，长大后也无法适应社会，甚至会走上犯罪道路。

　　经常挖苦、讽刺男孩，会使男孩变得不以为耻、习以为常，无形中也就强化了不好的行为，也会助长他们不诚实和任性的毛病。男孩经常处于被轻视、被当众贬低或受指责的地位，会产生自卑感，变得自卑、懦弱。同样，挑剔过失、说话刻薄、嘲笑男孩，还会使他们对家长产生怨恨，严重影响亲子关系，造成难以挽回的局面；家长出口成"脏"、缺乏修养的教育方式，会令训教效果大打折扣，甚至失去说服力。因此，一定不能挖苦男孩。

第七章

尊重：帮助别人的人方能得到别人的尊重

尊重家人——尊重他人，从尊重自己的家人开始

男孩是家长的一面镜子，如果他连最应该尊重的家人都不尊重，怎么尊重他人？懂得尊重家人的男孩，亲子关系多半都会更加亲近，不会随着他的慢慢长大而疏远了家人，更不会顶撞家人。因此，教育男孩尊重他人，就要从引导他们尊重家人开始。

在李女士的童年记忆里，家里整天都被家长弄得鸡飞狗跳。她30岁时，儿子出生，想到自己的童年阴影，她不希望自己的儿子生活在压抑的家庭氛围中，于是给了男孩无微不至的关爱。

李女士非常爱儿子，觉得太多管教会让儿子不开心。结果，由于过度溺爱，儿子动不动就用手打她，对她大声吼叫。有一次，儿子想买个变形金刚，考虑到价格不菲，李女士不买，但又担心儿子生气，便跟儿子商量："变形金刚太贵了，咱们买个玩具熊吧，你不是喜欢看《熊出没》吗？"没想到儿子却一把甩开她的手，大喊着："你说什么都对。才200元，你怎么就没钱？"

升入小学之后，儿子更容易激动，稍不如意，就会冲他大喊

大叫，要不就摔东西。更严重的是，儿子对其他人也有一种敌对情绪，无法跟其他人和谐相处。

家长都希望自己的儿子能够开心地度过每一时刻，但适当地管教也是必需的。因为，男孩就像一棵不断成长的小树，总会生出很多枝枝蔓蔓，只有及时将枝蔓砍去，他们才能拥有更好的人生。家长要从男孩的行为动作看到背后的动机，男孩三岁时不尊重你，你可能觉得只是无意地发泄；但十岁了，依然不懂尊重你，就不能这样想了。

只有学会尊重别人，男孩在长大之后才能在社会上更好地处理人与人之间的关系。因此，一定要将尊重他人的品格当作重要任务来抓。要教育儿子：吃东西时，要让老人先吃；入座时，长辈没坐，自己不能坐；走路时，请长辈先行，自己随后；长辈说话时，不能随意打断插嘴；长辈的批评，要虚心接受，即使不当，也要平静地说明，不能顶撞、呵斥。

◆**让男孩尊重家长**

男孩在家里都备受宠爱，一旦教育失当或缺位，就会养成以自我为中心的习惯，眼里容不下别人，更不会将家长放在心上。如果家长无法满足他的要求，轻则大呼小叫、指手画脚，重则无理责难家长，完全不会尊敬家长。如果发现男孩出现了这样的苗头，一定要及时制止；一再迁就、忍让，只会让男孩的坏习惯愈演愈烈，一发不可收拾。

康楠是个6岁的小男孩，爸爸妈妈都对他宠爱有加，他虽然很喜欢爸爸妈妈，却不懂得心疼人。每天晚上爸爸妈妈拖着疲惫的身体回家后，康楠还要让他们陪他玩，一边玩还一边催促着做晚饭。看到儿子这样，爸爸妈妈大伤脑筋。他们意识到，自己的宠爱让儿子丧失了孝敬家长的意识，于是决定：从生活小事做起，培养康楠的这种意识。

有一次晚饭后，康楠嚷嚷着要自己洗碗筷。过去，儿子提出这种要求，妈妈是不会答应的，可是这次妈妈痛快地答应了。

由于是第一次洗碗筷，康楠感到很费劲，不仅担心洗不干净，还担心不小心将碗摔了。康楠问妈妈："妈，你平时刷锅洗碗也这么累吗？"

妈妈回答说："虽然我的力气比你大，不过洗的次数多了，也会感到累。"康楠听完，想了想，说："妈，以后我来洗碗筷吧。"

听了康楠的话，妈妈感到很高兴，立刻夸奖说："我儿子懂事了，知道心疼妈妈了。"听了妈妈的夸奖，康楠高兴地笑了。从此以后，康楠变得懂事多了，更懂得关心与体贴家长了。

长幼有序、尊卑有次的理念，并不是只适合封建礼教，现代社会的家庭教育中也同样适用。爷爷、奶奶、爸爸、妈妈等都是长辈，男孩是晚辈，当然要尊重礼让。

孝敬家长不是单一的习惯问题，体现了男孩能否关心他人、设身处地地为他人着想。如果男孩连最基本的孝敬家长都做不到，以后是不可能做好任何事情的。因此，一定要重视培养他们孝敬家长的好习惯。

由于年龄的限制以及生理发育的特点，男孩一般都易冲动、自制力差，行为很容易受到情绪的支配，容易出错，总会做出一些对家人无礼的举动，比如：对家人发脾气、摔东西、不理睬等。一旦发现了这些问题，一定要严加管教，严肃批评，耐心说服，使男孩认识到自己的错误；迁就容忍，只能招致更多的过错。

◆鼓励男孩尊重老人

如今很多家庭，家长都忙于工作，通常都是老人帮着带孩子。在这种家庭里，老人对男孩付出了很多，饮食起居、上下学、早教等，都是老人承担着。这时，对老人的尊敬，更是一种起码的感恩表现了。

　　回到家，周先生发现老父亲的眼睛红红的，问发生了什么。儿子小浩抢着说："那么晚去接我，走丢了怎么办？还委屈？我更委屈。"

　　"你怎么能那样跟爷爷说话啊。我们应该尊敬长辈。"爸爸严肃地对小浩说。

　　小浩满肚子怨气说："谁让他那么晚接我呢，饿坏了我谁负责？"

　　周先生说："今天下午因为约见客户，我回来的比较早。之后，跟你爷爷一起出门，我办其他事，爷爷去接你。路上，爷爷突然肚子痛得很厉害，我就让他先回去休息，打算自己去接。可是，你爷爷怕耽误了我的事，就坚持去接了。你倒好，见了他劈头盖脸就是一顿埋怨，想想他心里该多难受？"

　　"这……"小浩惭愧地低下了头。

　　"无论怎样，你都不该对爷爷发那么大的火，他是长辈，你应该尊敬他。而且，爷爷奶奶从小就照顾你，怎么这么不懂事？"周先生就像是一位政治老师，做起思想工作来一点都不含糊。

尊敬老人，历来是中华民族的优良传统，一定要教育男孩尊敬老人。

有些男孩跟老人的关系非常特殊：有的敬而远之，有的漠不关心，有的是大呼小叫……之所以会出现这一现象，主要是因为男孩与老人缺少沟通交流，感情陌生。如果想让男孩尊敬老人，就要鼓励他们多跟老人接触、聊天、散步，缩短两代人的心理距离，一旦产生了感情，尊敬之情就会在男孩幼小的心灵里发芽、生长。同时，还要在男孩的耳边叮嘱他：要尊敬老人、听从老人教导，努力做个爷爷奶奶心目中的好男孩。

尊重劳动——告诉男孩：任何人的劳动都应受到尊重

人们常说，劳动是伟大的，是光荣的。可是，劳动也是辛苦的，需要付出心血和汗水。因此，任何人的劳动成果都应受到称赞，任何人的劳动都应受到尊重。家长一定要将这句话告诉男孩。

吃早点时，小铭拿着奶一边走一边说话，奶撒到了地上，他却像无事一样。奶奶刚要拿拖把，却被妈妈制止了。

妈妈用手拉着小铭的手来到盥洗室取下拖把，示意他把奶渍拖干净。小铭费力地拖着地，但第一次使用拖把使他很兴奋，小铭一边拖地一边说："拖地真好玩。"奶渍被拖干净后，妈妈竖起大拇指说："真棒，你已经能自己做事情了。"小铭笑着跑回座位，继续吃饭。

吃完饭，妈妈问小铭："刚才拖地，你觉得累不累？""很好玩啊，也挺累的。"小铭回答。看到教育的时机来临了，妈妈接着说："你看，奶奶将家里收拾得这么干净，我们以后可不能不珍惜啊，不能随便将玩具弄得满地都是，将垃圾扔到地上。"

小铭若有所思地点点头，说："那我们以后，都不要随便把家里弄脏了，要不然奶奶就太辛苦了。"说着，两个人还拉钩，约定要尊重奶奶的劳动成果。

对于别人的劳动成果，要保持基本的尊重。在文明社会里，这是一个人的基本文明素养。尊重他人的劳动，也是对他人人格的尊重。

日常生活中的每种物品，都是劳动者通过劳动创造出来的，来之不易。家长要教育男孩爱惜物品，珍惜每一件用品，来报答劳动者的辛勤付出；还可以让男孩适当地参与劳动，当他体会到劳动的辛苦时，才会尊重他人的劳动成果。

尊重他人劳动成果是一种美德，可以引导男孩从小事做起，擦掉一处污渍、捡起一张废纸，养成对他人劳动成果尊重的习惯。

◆ 引导男孩尊重别人的劳动成果

尊重他人，是男孩必须具备的品德。只有尊重他人的男孩，才可能正视他人的意见，才有可能接受他人的教育。尊重，也是人际关系的起点。人与人之间的交往，都应建立在真诚与尊重的基础上。唯有尊重他人，才能尊重自己，才能赢得他人对自己的尊重。因此，家长要引导男孩尊重别人的劳动成果。

一次，小佑在家玩小汽车，整个卧室都是小汽车，玩过以后没有放回玩具箱就跑去玩积木，妈妈让他收起来，他也不理。

妈妈："我把家里打扫得这么干净，很辛苦，但是你把玩具放得到处都是，家里很乱，你不尊重我的劳动成果，我很生气。"

小佑："我现在要玩积木，我的汽车还在等车库。"

小佑摆了一个车库后，去厕所了。妈妈趁机把高楼撞倒，小佑回来发现积木都倒了，懵了一会，哭了。

妈妈："对不起，妈妈不小心把你的车库撞倒了。"

小佑："妈妈，我摆了好久。"

妈妈："对不起，你很心疼吧，妈妈不是故意的，你能原谅妈妈吗？"

小佑："我能原谅你，可是我好伤心，我的玩具没有家了。"

妈妈："你把玩具放得到处都是，我都没家了，你能帮我把我的家收拾好吗？"

小佑同意了，他们一起收拾房间后，一起搭积木。

妈妈："大楼是你的劳动成果，妈妈弄坏了你的劳动成果，你很伤心吧。"

小佑："我盖了很长时间……"

妈妈："妈妈收拾房间也用了很长时间……"妈妈学着小佑的语气说道。

小佑："我也弄坏了你的劳动成果，你也很伤心吧，那我以后不把房间弄乱了。"

妈妈："我们要尊重别人的劳动成果，在小区里不乱扔垃圾，买东西要对售货员阿姨说谢谢……"

哲学家威廉·詹姆士说过："潜藏在人们内心深处的最深层次的动力，是想被人承认、想受人尊重的欲望。"渴望受人喜爱、受人尊敬、受人崇拜，这是人类天生的本性。但是，有取必有予，我们希望获得些什么，也就必须首先付出些什么。希望获得别人的尊重，这要先学会尊重他人，这样才能获得别人的尊重。所以，家长在教育男孩的时候，一定要积极引导，让他们学会尊重他人的劳动成果。

◆**珍惜别人的劳动成果**

如今，很多家长认为：现在的家境不错，在物质上能满足男孩就尽量满足，不必为了一些小物品的丢失、毁坏而对男孩进行训斥。家长错误的价值观与生活中的浪费恶习，无形中成了男孩学习的坏榜样。

男孩不知道什么是浪费，也不知道什么是爱惜。尽管这些东西看起来微不足道，花不了多少钱，但对他们的心理健康成长是很不利的。如果让男孩养成珍惜劳动成果的好习惯，就会有许多意想不到的收获。

> 6岁的小薛聪明活泼，人见人爱，但有一个特别不好的习惯就是爱毁坏物品。小薛有很多玩具，但每个玩具都是破破烂烂的。小薛渐渐长大了，兴趣也慢慢转移到了阅读上。但是，小薛对待图书依旧很残忍。一本刚买的新书，没过几天就会变得脏兮兮的，不是折角，就是撕页。妈妈感到很苦恼，希望小薛能改掉这个坏习惯。但是，不管怎么叮嘱小薛，都不见效。家里的大小物品，在小薛的手里依然被摔得"啪啪"直响。

随着现代家庭生活水平的提高，再加家长对独生子的溺爱，男孩奢侈浪费的现象已经更加严重了。不管多么贵重的学习用品，坏了就扔；没坏的，用腻了，也要扔。而更多的男孩，文具什么时候丢了都不知道，只知道没文具了就跟爸妈要钱买，至于能用多久，那就不知道了。

只要向家长伸手，就会有新文具，东西来得如此容易，男孩根本没有尝试过失去文具的感觉。因此，"珍惜劳动成果"就成了一句说教的空话，成了高高悬挂的标语。而不懂得珍惜劳动成果的男孩，也不会清楚"得来不易"这句话的含义。

为了帮助像小薛这样的男孩改掉坏习惯，我们给出以下几点建议，供家长参考：

一，利用日常家务事，引导男孩积极参与劳动。热爱劳动的好习惯要从小养成，让男孩从小接受基本的劳动锻炼，他们才会懂得劳动果实来之不易。可以给男孩分配一些力所能及的家务，比如：收拾自己的卧室，就是最好的锻炼方式。

二，和爷爷奶奶一起忆苦思甜。可以为男孩讲讲老人过去发生的故事，让他们在听故事的同时，领悟到幸福生活来之不易，必须好好珍惜。并且，讲故事的形式更容易引起他们的兴趣，消除他们的抵触心理，教育效果也更加明显。

三，爱惜，从自己的玩具开始。为男孩添置新玩具时，要及时地告诉他们：好好爱惜玩具，不能随心所欲"摔打"。同时，教会他们怎样保管玩具，并时刻监督他们的行为。

勿说恶言——告诉男孩：好话比尖酸刻薄的言语管用

中华民族素有礼仪之邦的美称，讲文明、懂礼貌更是每个公民应有的基本素质。可是在我们周围依然存在一些不和谐的音符让人难以忍受，比如污言秽语。因此，家长一定要告诉男孩，尊重他人的人都不会对他人尖酸刻薄。

小然正在上小学四年级，各方面表现都好，就是特爱说脏话。学校放暑假，妈妈把他送到了奶奶家，后来去接他的时候，小然看到妈妈的第一句话就是："你怎么才来，急死本大爷了！"听到这话，妈妈简直气不打一处来，真想抽他一大嘴巴子。小小年纪竟然不学好，净说些不堪入耳的话。

奶奶也反映，小然总会时不时说出难听的话。这段时间，小然反复看《大头儿子和小头爸爸》，那天又在乐滋滋地看，奶奶凑上来问他某个情节，小然竟然冲着奶奶脱口而出"你简直就是白痴"，奶奶听到惊呆了。奶奶意识到了问题，跟小然说了好几次，但是他根本听不进去。

毫无疑问，每一位家长都不希望自己的儿子长大后，成为一个满口脏话的人。所以，从男孩小时候就要开始规范他的语言习惯。

男孩小时候，听到别人说了一句脏话，可能在不知道这句话什么意思的情况下就跟着学了，这种行为是无意识的。家庭成员如果觉得好玩而故意引逗他，就会强化他的这种行为，为了把这种不文明的行为消灭在萌芽状态，就要告诉他："这句话是骂人的话，不好听，好孩子都不学。"

等男孩长大后，仍然可能会说脏话。这时，男孩说脏话就是有意识的行为了。明知道这是一句脏话，但出于好玩儿、发泄等目的，他们就会毫无顾忌地说出来。这种情况下，家长要严厉教育男孩，并责令他改正，否则就要对其采取一定的惩罚措施。

男孩的素质与文明大多体现在语言上，出口成脏，不仅说明家长教育的缺失，还会影响男孩健康成长。因此，明智的家长，会净化男孩身边的语言环境，让他们在文明语言的环境下茁壮成长。

◆家长就不要在男孩面前说脏话

对于很多男孩来说，他们说脏话的时候，并没有很强的是非观，仅仅是一和不受控的情绪宣泄。家长平时不检点自己的言行，孩子就会受其影响，慢慢地也就学会说脏话了。为了规范儿子的语言，家长一定要严于律己，提高自己的修养，为他们营造一个文明、礼貌的语言环境。

　　小本特别仗义，喜欢打抱不平，但他有一个明显的缺点，就是喜欢说脏话。一天，小本和班里一名男生发生了矛盾，接连骂了对方几句很难听的话。男生怒了，动手打了他一拳。小本实在忍不住，连骂带打，与那个男生扭打在一起，直到把那个男孩打得口鼻出血，被同学拉开才罢休。

爸爸来到学校，了解情况后，走上前挥手打了儿子几拳，嘴里还骂骂咧咧："你这个孬种，总给我惹事，你小子活腻歪了啊？真是个猪头。"爸爸气急败坏，全然不顾同学和老师的围观。老师制止了小本爸对儿子的打骂，请他坐下来，耐心地交流。

"以后别再骂人了，少打点架知道吗？你这个不争气的东西。"爸爸火气渐小，最后仍不忘连说带骂地教训儿子一句。爸爸住了嘴，小本不满地冲他的背影低声嘟囔了一句："你可以骂人，为什么我不可以？"

听到小本的话语，爸爸回头怒目瞪着他："你说什么？有胆子，再给老子说一遍。"老师急忙说："小本，你先回去。"然后让小本爸坐下来，与他聊起了关于小本的教育问题。在老师的指点下，小本爸终于找到了儿子说脏话的原因，当即拍胸脯保证一定要改正，以后保证不说脏话，让小本也要文明用语。

男孩不文明的语言一般都来源于周围的环境，要想让他们成为一个文明礼貌的人，首先要净化他们周围的语言环境。发现男孩说脏话时，要找出他们说脏话的"根源"，尽量让他们远离或少接触那种不良环境。比如，可以有意识地限制男孩与经常说脏话的同学来往；可以和教师取得联系，借助老师的力量促进男孩养成文明礼貌的习惯；可以和同学的家长取得联系，一起帮男孩养成文明礼貌的习惯。

同时，在纠正男孩不文明语言的过程中，家长也应当注意自己的言行，因为男孩的脏话大多是受家长不文明语言的影响产生的。如果家长不纠正自己的不文明语言，是很难说服男孩改正的。

◆**不跟男孩说粗鲁语言**

对于无礼的男孩来说，行为粗鲁是很自然的事情。尖刻的指责和悲观的语言对男孩也没有任何帮助。要想有更好一点的效果，家长必须使用简单的、有礼貌的语句。一味地要求男孩懂礼貌，却忽视了自己；自己整天爆粗口，却要求他们懂礼貌，是无法取得理想的教育效果的。要知道："心是花园，思想为种，既可繁花似锦，也能杂草丛生。"当男孩的花园杂草丛生的时候，家长是否应该想一想：你给男孩传播了什么样的思想？

> 六岁的杰克收到一件包装完美的礼物，对其充满了好奇。他用力地挤压盒子，想弄清楚里面包的是什么。妈妈在一旁看着，开始变得焦躁、紧张起来，就立刻喊着："杰克，住手。你弄坏礼物了。当你收到礼物时该说什么？"杰克生气地说："谢谢。"妈妈说："这才是乖孩子。"

其实，杰克妈大可不必这么粗鲁地教他学习礼貌，可以说："谢谢您送他这么可爱的礼物。"相信，杰克会跟着表达他自己的感谢。如果他没有那么做，可以在事后只有他们两个人时，处理社交礼仪这件事。

生活中，美好的细节不可能靠大锤来灌输。男孩打断大人的谈话，有些家长会生气地说："不要无礼，打断别人的谈话是很不礼貌的。"但是打断插话的人同样也不礼貌。家长在要求男孩懂礼貌时，也不能用粗鲁的方式，可以说："我希望能把话讲完。"

直接说男孩不礼貌，不会产生好效果，并不会让他们变得懂礼貌。而且，男孩会接受家长的评价，然后把它视为对自己看法的一部分。一旦他们认为自己是无礼的，就会一直以这种形象生活下去。学会文明礼貌是一个潜移默化的过程，不能一蹴而就。家长平时的一言一行都决定着男孩是否有礼貌。有些知识，要等男孩长大成人之后才能学会；可是，文明礼貌若不在幼年时代形成，以后就比较难了。

尊重他人——己所不欲，勿施于人，鼓励男孩尊重他人的想法

渴望受人喜爱、受人尊敬、受人崇拜，是人类天生的本性。但是，有取必有予，希望获得些什么，必须首先付出些什么。希望获得别人的尊重，就要先学会尊重他人。在教育男孩尊重他人的时候，要让男孩学会尊重别人的意愿和想法，凡事不要强迫别人。尤其是当他人的想法跟自己的想法发生冲突时，更不能强行将自己的想法强加到别人身上，要学会尊重别人的意愿。

小西已经 11 岁了，但他不懂得尊重别人，和同学在一起的时候，总爱插嘴打断别人的话，还喜欢叫别人外号。一次，下雨天，小西撑着伞放学回家，看到别人不小心滑倒了，他竟然幸灾乐祸地哈哈大笑起来。他不知道这样做是不尊重别人，也没有意识到这样做会伤害别人。

在家里亦是如此。一次，小西问妈妈，他星期六晚上能否参加一个聚会。妈妈觉得小西年龄小，就对他说："我知道你很想去，可是，我觉得你的年龄不适合参加聚会。"小西歇斯底里地大叫，

之后说："我不听你的，我就要参加，没有什么能阻止我。"

不尊重别人的想法，会让男孩人格大减分。很多男孩都存在着不懂得尊重人的缺点，不懂得尊重别人的谈话，不懂得尊重别人的劳动，甚至不懂得尊重别人的人格。家长对这些不良倾向没有给予足够重视，就会从某种程度上纵容了男孩的这种行为；久而久之，男孩就容易养成不尊重人的坏习惯，甚至形成性格缺陷，让男孩的人格打折。

另外，从长远来看，不懂得尊重别人想法的男孩，长大后也无法很好地融入社会。无论现在他的学习成绩多么优秀，掌握的知识多么丰富，都无法以弥补他的性格弱点，难以拥有良好的人际关系。所以，学会尊重别人不是小事，而是关乎人生成败的大事，要想让男孩成就一番事业，就要让他们学会尊重别人的想法。

◆引导男孩尊重他人

无论对方的身份和工作多么卑微，穿着或长相有多么寒酸，都要让男孩尊重他，这是每个男孩都应该具备的良好品质。现实生活中，家长要引导男孩学会尊重每一个人，要告诉他们：尊重没有高低贵贱之分，尊重别人就是在尊重自己。

小东不懂得尊重人，无论是同学还是老师，无论是朋友还是亲戚，总会在别人面前做出一些不尊重人的举动。比如，看见别人衣服上有个泥点，他会故意做出夸张的样子说别人身上好臭之类的话，让别人很气愤也很无奈。

为了让小东学会尊重别人，爸爸给他讲了一个发生在自己身边的故事：

　　我们公司里有个业务员，主要工作是为公司拉客户。客户中有一家是药品杂货店，每次他到这家店里去，总要先跟柜台的营业员寒暄几句，然后才去见店主。一天，他到这家商店去，店主告诉他："今后你不用再来了，我不想再买你们公司的产品。"业务员只好离开商店。业务员开车在镇上转了很长时间，决定回到店里，把情况说清楚。走进店里的时候，他依然和柜台上的营业员打过招呼，然后见到店主。

　　店主看他很高兴，笑着欢迎他回来，最终成功订货，还比平常多订了一倍。业务员感到十分惊讶，不明白自己离开店后发生了什么事。店主指着柜台上一个卖饮料的男孩说："在你离开店铺后，卖饮料的员工走过来告诉我，你是到店里来的唯一同他打招呼的推销员。他告诉我，如果有什么人值得同其做生意，就应该是你。"从此，店主就成了这个推销员最好的客户。

　　之后，爸爸总结说："关心、尊重每个人是我们必须具备的特质，它会给我们带来意想不到的收获。"

　　……

　　听完爸爸的话，小东陷入良久的思考中。

　　尊重，是人际关系的起点。尊重他人的想法，是男孩必须具备的品德。只有尊重他人的男孩，才可能正视他人的意见，才可能接受他人的教育。

　　同时，只有学会尊重别人的想法，才能更好地处理人与人之间的关系。当男孩用诚挚的心灵使对方在情感上感到温暖、愉悦，在精神上得到充实和满足时，就会体验到一种美好、和谐的人际关系，就会拥有许多朋友，并最终获得成功。不尊重别人的想法，必定也没有人会尊重他。到那时，男孩失去的将不只是朋友，甚至还有工作和家庭。

◆ **家长要尊重男孩**

在教育男孩时，家长要注意保护男孩的自尊心，他们才能受到积极影响，从而学会尊重他人。想要让男孩学会尊重他人，家长首先要尊重男孩。

> 肖德是个非常有礼貌、懂得尊重别人的男孩，所有和他接触过的同学都觉得他很友善，从来都不会伤害别人。这一点，跟肖德的家庭教育有关。妈妈从不轻易批评肖德，即使有时候再急躁，也不会随便对肖德发脾气，更不会无理地对待他。妈妈也从来不用命令的口气让肖德做事情，即使让他给自己倒杯茶，也会礼貌地说："请帮我倒杯茶吧，乖儿子。"当肖德倒完茶后，妈妈还会说一声："谢谢。"不要小看这样的小事，妈妈通过这些礼貌用语在行动上给肖德做了一个良好的示范。相反，如果肖德倒完茶后，妈妈就一声不响地接过来，独自喝茶，小孩就容易从妈妈身上学会这种冷漠无声的态度，在不知不觉中，他就会以同样的态度去对待别人。

在这方面家长的榜样作用不容忽视。

在男孩犯错误的时候，家长要懂得尊重他。当然，不批评也不对，批评对男孩认识和改正错误非常必要，有利于男孩判明是非，矫正行为。但是在这个过程中，不能恐吓、打骂男孩，更不能将在别处生的气都撒到他们身上。否则，会让男孩养成强烈的对立心理，从而出现任性倔强、粗暴无礼、不尊重别人的问题。

另外，家长还要教给男孩一些基本生活礼仪。这种生活礼仪主要体现在言行举止的细节上。比如，教男孩学会安静地听别人讲话，听讲时要注意看着对方，不要随意地打断别人等；还要教他们懂得尊重别人的生活习惯，理解别人的感受，比如不过分地向别人索取物品，懂得将自己的物品拿出来与他人分享等。这些礼仪虽然仅仅是生活中的一些小细节，但却能让别人获得莫大的尊重感。

第八章

宽容：能忍能让真君子，能屈能伸大丈夫

宽容过错——人非圣贤，孰能无过？引导男孩宽容他人的过错

宽容是一种品德，也是一种智慧，教会男孩学会宽容，他就掌握了跟任何人交往的智慧。学会了宽容，就有很好的人际关系。好的人际关系，能让男孩生活快乐。因此，要想培养男孩宽容的品格，就要引导他们宽容他人的过错。

小奕原来不懂得宽容，最近发生的一件事情改变了他。一天，小奕回到家和妈妈谈起自己的同桌，他说："我们新换了同桌，我很讨厌他。"妈妈问他原因，他说："这个同桌非常笨，有时候，我们听老师讲一遍就会的题目，只有他还不会，下课了还在一遍遍地复习。害得我们想大声说话都不行，还担心吵到他。更可气的是，他今天居然弄坏了我的圆珠笔。我昨天刚买的，气死我了，以后再也不和他玩了。"

知道了事情的原委，妈妈对他说："跟同学相处，这样的事情总会发生，不可避免。"之后，妈妈语重心长地对小奕说："儿子，恭喜你得到了一个好同桌。"听到这句话，小奕大喊起来："他

不是好同桌，他笨，影响我玩。"

　　妈妈说："你应该多看别人的长处，同桌学习刻苦、用功，这一点很值得你学习。而且，不要总是把别人的不足记在心里，要学会宽容、友好地对待周围的人。而且，同桌把你圆珠笔弄坏了，也不是故意的，不要计较，自己动手修理一下，照样能用。"听到妈妈的这些话，小奕惭愧地低下了头。

　　现在，在家庭教育中存在一种普遍现象，那就是：家长对男孩十分宽容，但是男孩对别人却不那么宽容。家长将好吃的菜留给男孩先吃，好的水果让他们先吃……但这不仅没有让他们学会感恩，反而滋长了他们的自私心理，这种心理将会直接影响男孩待人接物的态度，让他们变得不宽容。

　　另外，这种不宽容还经常体现在类似的一些事情上，例如，别人的做法没有达到自己的目的或要求，就会引起内心的不满；别人做的事情让自己不高兴，就会始终耿耿于怀。这对于男孩的发展来说，绝对是硬伤。

　　宽容是交往和沟通的润滑剂，会让男孩在宽松的人际环境里成长，失去了这一点，也就失去了宝贵的人际资源，对男孩的成长非常不利。不懂宽容的人很难走向卓越，家长在教育男孩时，一定要让他们学会宽容他人的过错。

　　◆引导男孩宽容别人的过错

　　在与小伙伴交往的过程中，男孩经常会常遇到小矛盾和冲突，这些小矛盾和冲突都促使他们慢慢地了解自我与他人的关系。一旦知道了蛮横、不讲理、任性和霸道在交往中是行不通的，他们就能学会宽容，妥善处理问题。因此，家长要引导男孩宽容别人的过错。

在泰国的一个度假村，一位工作人员满脸歉意，正在安慰一位大约4岁的西方小男孩。小男孩受到惊吓，已经哭得筋疲力尽。

原来，那天孩子较多，工作人员一时疏忽，在儿童网球课结束后，少算了一位，将这位小男孩留在了网球场。发现人数不对时，才跑到网球场，将这位小男孩带回来。男孩一人站在偏远的网球场，受到惊吓，哭得稀里哗啦。

男孩的妈妈很快出现，看了看哭得惨兮兮的小男孩，蹲下来安慰一番，并理性地告诉他："已经没事了。那位姐姐刚才因为找不到你非常紧张难过。她不是故意的，你必须亲亲那位姐姐的脸颊，安慰她一下。"

男孩踮起脚尖，亲了亲蹲在自己身旁的工作人员的脸颊，并且轻轻地告诉她："不要害怕，已经没事了。"

我们相信，通过这样的教育，一定能培养出宽容、体贴的男孩。

男孩是成为宽容大度的人，还是成为心胸狭隘的人，都取决于家长的教育方式。为了男孩将来能够有一颗健康的心灵，就要教导他们学会宽容。

人们常说：人非圣贤，孰能无过？就连被人们尊称为"圣贤"的孔子也曾有过错误的言行举止。正在成长中的男孩，在学习与生活中更难免会犯这样那样的错误。作为家长，一定要教育男孩懂得原谅别人的过错。

◆家长也要宽容男孩的过错

家长对男孩适度地宽容，会让他们获得一种情感体验，这种情感体验会让他们更加尊重家长，更会与家长进行情感的交流与沟通，这样家长对男孩的教育就会更有力。同时，男孩也会从家长身上学到宽容的品质。

有一年暑假，10岁的孙子住在李老头家。一天，李老头发现自己归整的一摞旧报刊不见了。李老头问老伴，老伴说没在意。老伴问孙子是否看见了，孙子吞吞吐吐地说："没……没看见。"看到这个情景，李老头明白了八九分，只是叨念着："那摞报刊有几份资料挺有用，真可惜。"此后，李老头对此事一直没再提，但他敏感地意识到孙子正受着内心的责备。

暑假快结束时的一天，孙子来到李老头的身旁，低着头说："爷爷，我撒谎了，那摞报纸是我卖的，一共卖了8元钱，我没敢花，现在给您。"李老头爱抚地摸了摸孙子的头，缓缓地说："爷爷原谅你了。去，把钱交给奶奶买菜吧。"尽管孙子现在已经是一位事业有成的工程师了，但至今都记得这件小事。

男孩在成长的过程中，难免有犯这样或那样的错误与过失，作为男孩的启蒙老师，家长应有一颗宽容心，宽容男孩犯的错误和过失。要正确对待男孩成长过程中的缺点、错误，不要简单粗暴，而要耐心地帮助男孩找到错误的原因和改正的方法，促使他们改正错误取得更大进步。也只有这样的教育，才能培养出宽容、体贴的男孩。

当男孩做了错事后，家长应该以一种宽大的胸怀包容他们；同时，男孩的内心受到自责，感到悔恨，就会主动改正错误。用宽容心去理解男孩，才能用谅解去感化他们，这要比对男孩无休止地唠叨、斥责与打骂好得多。

换位思考——教男孩学会换位思考，给他人多一些宽容

宽容是一种重要的美德。男孩天生是宽容的，家长要做的就是维持他们的宽容，让他们学会理解别人。一个懂得宽容、能够理解别人的男孩，必然拥有一颗感恩的心。不仅如此，宽容的男孩还会有一种高尚的智慧——换位思考。事实证明，懂得换位思考的男孩，能给他人更多的宽容。

小雷买了一本童话书，下课的时候就高兴地翻阅起来。不巧，同桌起身时不小心把墨水瓶碰翻，墨水洒到了童话书上，把精美的童话书涂得脏兮兮的，无法继续看下去。小雷很生气，不但让同桌赔他新的童话书，还把这件事告诉了班主任老师。结果，同桌被老师批评了一顿。

即使是如此，但是小雷还是很生气，一回到家，就跟妈妈发泄一通："同桌将我最心爱的书毁坏了，我还没有看呢，气死我了。"当小雷跟妈妈诉说这件事情的时候，妈妈的脸立刻严肃起来，说："谁都有不小心犯错误的时候，如果你犯了同样的错误，同桌大喊大叫，让你赔，还告诉老师批评你，你舒服吗？"

小雷说："我会很难受的。"

"对啊，你有没有想过你的同桌也很难受，在学校要和气、友好地待人，不能斤斤计较，尤其是对待同学，更要大度、宽容，就像今天这样，应该说没关系。"

人与人之间少不了谅解，谅解是理解的一个方面，也是一种宽容。换位思考的实质，就是设身处地为他人着想，即想人所想，理解至上。人们都有被"冒犯""误解"的时候，耿耿于怀，心中就会有解不开的疙瘩；深入体察对方的内心世界，或许就能达成谅解。真能做到这一点，就能够理解对方，减少不必要的矛盾。

一般说来，只要不涉及原则性问题，都是可以谅解的。当孩子之间发生矛盾时，家长要教育男孩暂时放开自己的见解，以对方的情况为出发点，体会对方的感受，理解对方的行为。家长应该教育男孩经常自问："要是我处在这种情况下，我会怎么想呢？又会怎么做呢？""我现在应该为他做点什么，他心里是不是会感觉好受一些？"这样，男孩就会看到问题的另一面，从而养成宽容的品格。

◆在故事里丰富体验

每个男孩都喜欢听故事，尤其是当他们之间发生矛盾时，家长用讲故事的方式教育男孩暂时放开自己的见解，以对方的情况为出发点，体会对方的感受，理解对方的行为。有这样一个故事：

一头猪、一只绵羊和一头乳牛被关在同一个畜栏里。一天早上，牧人进来捉猪，猪大声地号叫着，猛烈地反抗。绵羊和乳牛很讨厌猪的号叫，一起责备猪："吵什么，他常常捉我们，我们就不大呼小叫。"猪听了回答说："他捉你们和捉我完全是两回事。他捉你们，只是要你们的毛和乳汁；捉我，却是要我的命。"

这个寓言形象地说明了一个道理：要想理解别人，就要学会换位思考。

学会换位思考，站在对方的角度看问题，设身处地地为对方着想，就能减少许多不必要的矛盾。比如，让男孩站在爷爷奶奶的角度思考，他们就会理解他们的关爱和唠叨；让男孩站在家长的角度思考，他们就会理解家长望子成龙的心理；让男孩站在老师的角度思考，他们就会理解老师的严格与苛刻。

◆引导男孩站在他人角度看问题

只有站到他人角度看问题，别人才会关心你，两人的关系才会越走越近。

一天，班里来了一位从农村转来的男孩，老师将他安排在晓晨身边。男孩初来时很局促，对晓晨有一定的戒备心，晓晨也不喜欢老师给他安排的这个新同桌，对突然来到身边的男孩也很冷漠。回到家后，晓晨给妈妈讲了自己的烦心事，并希望妈妈给老师讲一讲，让老师给那个男孩重新安排一下座位。

听到晓晨的不满，妈妈给他讲了很多故事，其中就有她转学的故事，并让晓晨换个角度想一想："当初你转学过来的时候，如果同桌也这样不喜欢你，你会怎么想？"

"很难过。"晓晨如实地回答。

"对啊，如今你不喜欢这个新来的男同学，还要求老师给他重新调座位，那这个男同学心理会怎么想？"

"肯定也是不开心。"晓晨突然意识到自己的错误，回答的声音越来越小。

"每个人新到一个环境中，都是陌生人，如果得不到别人的关心，没有朋友，肯定不开心，会感到孤独。"

……

之后，妈妈又告诉晓晨："学会关心别人，别人才会喜欢和你做朋友，在将来才会拥有更多的朋友，因为没有一个人喜欢和冰块脸做朋友。"

第二天，晓晨开开心心地上学了，临走之前，还拿了自己一个文具盒，说是要送给新同桌，并为昨天的冷漠态度，向新同桌道歉。

渐渐地，新同桌接受了晓晨，晓晨和新同桌相处得非常好，两个人在学习上你追我赶，相互帮助。

积极引导男孩学会换位思考，要求他们经常站在别人的角度去想，他们才不会以自我为中心，才会想到别人的需要，从而做出更加友善的行为，拉近彼此的关系，增加人际交往的能力。因此，家长教男孩学会关心别人时，一定要让他们经常换位思考，明白别人的需要，理解别人的要求。

当然，不但要让男孩去做关心别人的行动，还要让他们体会关心别人后的感受。因为关心别人心里就会充满阳光，别人对自己就会友好，同时自己也会得到别人的关爱。男孩只有体会到了这些，才会进一步去关心别人。

多些理解——多理解别人一次，也就多了一次宽容

今天，多数男孩都是独生子，从小就是家庭的中心，很少顾及别人的感受，而对别人给自己带来的一点伤害总是耿耿于怀。这样的男孩，长大后也不会成功。只有真正站在他人的立场考虑问题，理解他人的难度，才能真正做到宽容。善于体谅他人、对生活保持宽容态度的男孩，一定是一个充满爱心的人。作为家长，在生活中，一定要教育男孩学会理解他人。

徐徐和邻居涂涂同龄，两人还是同班同学，玩得也很投缘，每天都一起玩一起学习，成绩也不错，楼道里常能听见他俩欢乐的笑声。看到儿子有个童年的玩伴，徐徐妈也感到很高兴。

一天，徐徐一个人安静地回了家，却没听见涂涂的声音，妈妈感到有些纳闷：俩孩子每天都一起回来，在楼下还能听见他们嘻嘻哈哈的声音，今天怎么这么安静？莫非出了什么状况？

妈妈问徐徐："涂涂怎么没跟你一起回来？"

徐徐答道："不知道，我不理他了。"

看到两个孩子闹矛盾，妈妈决定好好开导，于是问："干吗不理他了？"

徐徐生气地说："他把你送给我的卡通书弄脏了，他不赔我。"说着，儿子还把卡通书递给妈妈看。

妈妈接过一看，果然书面弄得很脏，好像掉在了水坑里。

"涂涂跟你道歉了吗？"妈妈问。

徐徐说："虽然道歉了，但他不肯赔，我说了他两句，他就哭了。"

妈妈说："涂涂向你道歉就可以了，他又不是故意弄脏你的书，既然是好朋友，就应该宽容对方，不能这么小气，再说书还可以看，你说呢？"

徐徐不出声，妈妈只好接着说："你看，上次你把涂涂的玩具车弄坏了，他怪你了吗？现在你不理他，你开心吗？"

徐徐想了想，说："我一点也不开心。他没有怪我，那我也不应该怪他，妈妈，我找涂涂玩去。"

徐徐终于想明白了，妈妈也由衷地高兴。

宽容是人的美德，让男孩学会宽容，与人友好相处，有利于身心健康，还能让男孩很好地融入集体之中，更好地学习和生活。

让男孩从小懂得宽容，能使他们拥有更多的朋友，懂得如何与人相处，更能让他们获得进步。教育男孩无小事，每一时、每一刻发生在亲子之间的事，都应该谨慎对待，要利用这些小事，教他们学会做人的道理，学会宽容别人，学会关爱别人，使他们健康成长。

◆教男孩理解他人

在生活中，由于各自生活环境、年龄、性格等有所不同，男孩会产生不同的心理感受和反映。如果他们不懂得换位思考，不会替别人着想，就很难理解他人，无法与他人建立良好的关系，甚至还有可能给别人带来伤害。

小敬正在上小学五年级，他常常跟妈妈说，班里有一个同学的力气很大，简直是一个"小霸王"，这个"小霸王"经常在放学的时候堵在班级门口不让小敬出门。

一天，下雨了，妈妈开车去接小敬放学回家。当妈妈打着雨伞来到校门口时，发现小敬说的那个"小霸王"正在门口着急地四处张望，原来他今天没有带雨伞。

妈妈走到"小霸王"的身旁，对他说："小朋友，快到阿姨这边来，一起上车，我顺路送你回家。"

小敬立刻拽妈妈的衣角，意思是不要带着他一起走。

妈妈假装没看到，坚持让小敬把这个同学拉上车，顺路把他送到了家。

到了"小霸王"的家门口，他高兴地对小敬妈妈道了谢。

"小霸王"一走开，小敬就质问妈妈："妈，你明知道他欺负我，为什么还要把他送回家？"

妈妈听后，开导小敬说："他欺负你，有困难的时候你也不帮他，你们是不是永远都是仇敌呢？在他有困难的时候帮他一下，你们是不是有可能成为好朋友？"小敬听后点了点头。

正如妈妈说的那样，在这件事情之后，"小霸王"主动和小敬交朋友，再也不欺负小敬了。后来，他们俩还成了好朋友。

例子中的妈妈很聪明，她恰到好处地教会了儿子怎样为人处世。男孩一旦学会了善待他人，就自然学会了宽容。

孔子有言："己所不欲，勿施于人。"这句话就是告诫我们要学会换位思考，多站在别人的立场去体谅别人的感受，理解和善待他人。每个人都有或多或少的缺点，家长要告诉男孩：在与同学和朋友交往时，要学会理解他人，站在他人的角度上考虑问题。

◆**体会男孩的感受**

如果男孩由于某种原因产生了强烈的内心感受，家长的劝解发挥不了任何作用，他们的不良感受也不会因此消失。但如果家长能对他们表示理解，表示感同身受，他们的情绪就会得到一定程度的缓解。

小波放学回家，委屈地对爸爸说："爸，我们班主任真讨厌。我今天迟到了两分钟，她就不让我进教室，让我站在教室外，我要转班！"

小波面红耳赤，好像受了极大的委屈。听了小波的讲述，爸爸说："迟到两分钟就被罚站，确实有点委屈。"

看到爸爸这样说，小波的气消了一半，说："对啊！在外面站了一节课，我的腿都麻了。"

爸爸看看儿子的腿，说："站一节课，腿确实会麻。别站着，多走动走动。"听了爸爸的话，儿子开始在客厅走动。

这时，爸爸继续说："可是，如果你不迟到，也就不会经历这样的事情了。"

　　小波一边走，一边说说："恩！但谁没迟到过？"

　　爸爸笑了笑，说："其实，只要早点起床、早点走，完全迟到不了。"

　　小波回答说："嗯！"

　　爸爸说："将闹钟定好时间，到点就起床！我相信，你能做到！"

　　小波点点头。

　　案例中，小波放学回家后告诉爸爸："我今天迟到了，老师就不让我进教室，还让我站在教室外面……"爸爸先对小波表示了理解，让他平静下来。之后，再听他讲述事情的经过，而他的情绪得到了有效缓解。设想，如果爸爸说："你不能生气，迟到了当然要惩罚。下次早点！"听到这样的话，男孩多半都不会再跟爸爸沟通了。他们会带着委屈和气愤回到自己的房间，可能还会将门重重地一摔，甚至还会将家长的脾气引出来。

　　男孩和家长是两个独立的个体，有不同的感知系统，各自的感受也不同，没有对错之分。情绪低落时，男孩需要他人的理解，需要被关注。因此，表达对男孩的理解，就要站在他们的立场，发自内心地体会他们的感受。

多方接纳——引导男孩喜欢并接受新事物

黎巴嫩作家纪伯伦曾在《先知》中写下这么一句话："你是一具弓，你的子女好比是生命的箭，经由你而'射'向前方……"可见，若想要男孩在未来的道路上占有一席之地，有足够的竞争力，就必须从小提高男孩接受新事物的能力，总是坚守着古老的观念，排斥新鲜事物，认为只要用心学习，考上大学就是最好的出路，那么你就错了。在培养男孩接受新鲜事物能力的同时，更应该让他们摒弃陈旧的理念，善于知变和应变。

儿子已经六岁，但不愿意接受新鲜事物，反应比较慢。有一天，妈妈让他跟着别人一块跳街舞。儿子在边上看了半天，扭扭捏捏不愿意去。妈妈以为儿子是害羞，回到家一问才知道，儿子是觉得跳街舞太难看，在大家面前扭来扭去，不像个好人。

不仅这样，儿子胆子还特别小。一次，儿子到地下室取东西，不到片刻工夫，就慌里慌张地跑上楼来。原来，他在地下室看到一只小虫子，很是害怕，于是立刻跑了回来，所以妈妈让他拿的东西也没有拿到。看到这个情形，妈妈非常担心。而且，儿子不仅胆小，还喜欢依赖人，很多事情，他都不敢自己独立去做，非要缠着和妈妈一块做。和其他孩子一起玩的时候，儿子总被别人欺负哭，甚至连女孩都能把他弄哭。

只要看见儿子这样，妈妈就觉得他可怜。

男孩之所以胆小害羞，其中一大原因就是接受新鲜事物的能力不足。所以在教育男孩的时候，家长要引导男孩见识多种新生事物，让男孩喜欢并乐意接受新生事物，承受事物所发生的意想不到的变化，接纳不同的变化。比如，让男孩了解各种奇观、奇迹，观察生活日新月异的变化，允许男孩独辟蹊径地解决问题。男孩一旦乐于接纳新事物，对世间的万事也就具备了豁达之心。

在大多数情况下，一个新鲜事物的出现，受到年轻人的青睐与追捧时，往往会遭到成年人的唾弃与阻止。究其原因并不是因为那些东西浮躁、花哨、不正经，而是由于两代人之间存在的鸿沟所决定的。所以，家长要与男孩一道接受新鲜事物，与他分享其中的乐趣；同时，也是培养他们发散思维，不断创造的最直接的导火线。

◆与男孩一道接受新鲜事物

有些家长总是希望男孩能够沿袭自己成长的轨迹，只因自己就是这样长大的，而且还固执地认为这样的成长过程对他们是最好的。而如今的男孩呢？穿着松垮的牛仔裤、戴着夸张的饰品、说着大人们听不懂的话、做着怪异的行为……为什么不放开陈旧的看法，去发现这些你所谓"脱序"中的创意？

家长要摒弃偏见、敞开心胸与男孩一起学习并接受新鲜事物，帮他们搬掉挡在路上的绊脚石，这样家长们才能够客观公正地判断出其中的优劣。

如此，男孩也比较能接受，不易产生抵触心理，同时还可以分享彼此间的心得。

　　小周是一个非常优秀的男孩，他成绩优秀，思路活跃，接受新鲜事物能力特别强。

　　过去，小周妈也有这样的苦恼：儿子接受新鲜事物能力差，和妈妈的距离越来越远。小周妈曾唉声叹气，也曾怨天尤人，但事实证明这些都无济于事，母子之间的心理障碍依然存在。妈妈还三番五次地试图把小周拉回到自己的轨道上来，但是做了种种努力，都付之东流。

　　经过认真的观察和分析，妈妈发现过错并不都在小周。为了使自己能跟上时代的步伐，在小周的心中树立一个新的形象，妈妈主动请小周当电脑老师。在小周的指导下，妈妈渐渐学会了用电脑查资料、网上聊天。

　　妈妈写了一篇题为《走近聊天室》的文章，肯定了"聊天室"的正面作用，小周还将其转载给同学看，得到了同学的一致好评，有的同学还羡慕小周有一个通情达理，能理解他的妈妈。母子之间的距离拉近了许多，妈妈也更了解儿子的状态了。

　　母子二人，不仅沟通无障碍了，小周在母亲的影响下，视野也逐渐变得开阔起来，开始尝试接受各类新鲜事物。

　　在分享彼此心得的过程中，两代人之间的关系能更近一点，从而达到内心的共鸣。家长在获得新知的同时，男孩也能学到社会中的生存之道，岂不是一举两得？

在日常生活中，总会听到家长的抱怨："真不知道现在的小孩在想些什么。"也常常会听到男孩这样抱怨家长："他们真是一只大恐龙。"难道两代之间真有这么大的鸿沟吗？答案是否定的！

有些家长会努力去试着跨越这条鸿沟，为了了解男孩的内心世界，他们说起了网络语言、陪男孩上网、拍大头贴、听演唱会等。但是，在现实生活中，"劲爆"的家长屈指可数，大多数的家长只是看着男孩，无奈地摇摇头。久而久之，这条鸿沟越来越深、不断地加宽，直到最后难以逾越。

不以有色眼光来看待男孩，以和男孩一般开放的心灵来接受新事物、新观念，不但不会成为他们心中的恐龙家长，还会成为他们生命中最佳的良师益友。

◆鼓励男孩接受新鲜事物

家长要时刻记住：男孩不是你的附属物、私有财产，不要总是按照自己的成长经历来左右应属于年轻人的生活。男孩是一个独立的人，总有一天要独立面对竞争残酷的社会，家长不应该只顾眼前利益，而忽略了长远利益。家长应当与男孩平等相处，尊重他们的人格，给他们最深刻的爱。随着男孩年龄的不断增长，思想也越来越独立、成熟，他们要求的自我教育能力也越来越强，要鼓励他们多方接受新鲜事物。

开完散学典礼后，班主任回到班级给学生布置假期作业。老师说："同学们，今年的假期作业，除了寒假作业外，又多了一项任务，就是用电脑写博客，这也是寒假作业中的一部分，希望大家认真完成。"

老师话语刚落，本来还鸦雀无声的教室，顿时像炸开了锅，孩子们坐在自己的位置上交头结耳地议论着。有很多学生都说：

"把博客当作业，我还是第一次听说呢。"

老师这样做的目的很明确，就是希望他们能在轻松愉快的假期中学到新知识。

男孩都特别爱玩，家长也能理解。用玩的心态来写博客，他们作业完成了，肯定高兴，家长也不担心男孩只顾玩学不到东西。鼓励孩子们用电脑写文章，不仅能提高他们接受新鲜事物的能力，还能通过他们对博客的了解及运用来提高资料的收集能力；不仅能提高男孩的写作能力，还可以为家长和男孩建立一个交流平台。

男孩的年龄还小，了解的东西也有限，通过写博客可以了解书本以外的知识，增长了见识，丰富视野。还能使他们因更早地接受新鲜事物，为以后走上社会打下牢固的根基，从而起到了"双赢"的目的。

第九章

感恩：感恩的回馈会让男孩的生命更加精彩而富足

感恩老师——让男孩感恩老师，学习才能有所成

只有学会感恩，才能明确责任，才能体味真情，才能感受幸福，享受生活。现在许多男孩缺乏感恩意识，必须对他们进行相应的感恩教育，唤醒感恩情怀，让男孩学会感恩。首先，最应该感恩的就是老师。

一位老师在课堂上晕倒了，部分学生着急地打了120，将老师送到医院，一直到老师醒过来。当然，还有一部分学生坐在旁边，冷眼旁观。小龙就是冷眼旁观群体中的一个。

回到家之后，小龙将老师晕倒的这件事告诉了妈妈。妈妈觉得小龙太冷血，老师晕倒了，却不闻不问。于是，她问小龙："老师花这么多时间和精力教育你们，你有没有感恩之心？"

小龙说："当然我会感恩，但是他没有教育好我，我的成绩一塌糊涂，为什么要感恩？"

"即使你不满意，但老师这么辛苦，你就没有一点感恩之情吗？"

"我不觉得辛苦，为什么要感恩？"

　　"老师每天关注你的成绩、成长，难道不值得感恩吗？"

　　"那是他的工作呀，要是学校不给他发工资，他怎么会管我们？"

　　妈妈不知道说什么，哭了起来。

　　这是一个缺乏感恩意识的典型事例。

　　有句名言说得好："人如果没有感恩意识，那与禽兽有什么两样呢？"感恩是中华民族的传统美德，是一种处世哲学，是一个人对自己和他人及社会关系的正确认识；知恩图报，有恩必报，不仅是一种情感，更是一种人生的至高境界。

　　培养男孩感恩老师，不仅是一种美德要求，更是生命的一个基本要素。只有让男孩知道了感恩老师，他们的内心才会充实，头脑才会理智，才能配合老师讲课，才能提高成绩，才能获得更大的幸福。常怀感恩之心，世界才会变得更加美丽。

　　现在，部分男孩成长过程中存在一个很严重的问题：只知受惠，不知感恩；只知索取，不知奉献；只知被爱，不知责任。理性分析就会发现，男孩感恩之心的缺失是由于家长的过度溺爱造成的。尤其在独生子女家庭中，男孩是家中的小太阳，家长宠，外公外婆爱，爷爷奶奶亲，所有人围着他一个人转，渐渐使他们养成了以自我为中心的意识。

　　久而久之，很多男孩都会认为，得到的东西是理所当然的，家长所做的事情也是他们应该做的。他们只要求别人关心、爱护、让着自己，却不会想关心别人、感激他人。正是家长对男孩的无私奉献才造成了男孩的自私无情、不懂感恩。所以，家长要检讨自己，改变教育方式，真正培养出懂得感恩老师的男孩。

◆让男孩利用教师节去感恩老师

从某种意义上来说，缺乏感恩意识的男孩，无论他的能力多么出色，都无法成为真正意义上的强者，因为社会难以接受和认可不知道感恩的人。因此，要想把自己的男孩培养成一个强者，家长必须培养他们的感恩意识，就要通过自己的言行来教会男孩学会感恩老师。

小鱼是一个很懂事的小男孩，他尊老爱幼，孝敬家长，常常受到邻里和师生的称赞。这一点，跟妈妈从小对他的教育有关。

从小妈妈就教育他要尊敬爷爷、奶奶和外公、外婆，并通过自身的实际行动，让小鱼在潜移默化中受到教育。在日常生活中，妈妈不但关心长辈的生活起居，更关心他们的健康问题。每当他们身体不适，妈妈总会带着小鱼及时去探望。

教师节马上就到了，妈妈提醒小鱼："儿子，教师节马上就要到了，你要感恩老师！"

小鱼领会了妈妈的意思，说："嗯，我这两天也正在想这件事，可是送老师什么样的礼物呢？去年我亲自动手给老师做了一张贺卡，老师很高兴，今年不想送贺卡了，我想送老师一个护膝。她每天都是骑着电动车来，天气一天天转冷，我想送她一个温暖实惠的礼物。"

妈妈听后，连连赞叹，夸奖小鱼不仅懂得感恩老师，还是一个心思细腻的男孩。

教师是男孩教育的主要承担者，很多老师为了教育事业呕心沥血，要引导男孩学会尊重老师、感恩老师。家长要帮助男孩形成感恩意识，让男孩感恩自己的老师。在教育男孩感恩老师的时候，可以利用教师节这个机会，让男孩亲手制作一个工艺品、画一张贺卡、写一篇赞美的作文等送给老师，如此显得更有意义。

◆ **感恩老师，要让男孩理解老师的不容易**

感恩是一种生活态度、一种情感、一种美德，更是生活的大智慧。对男孩来说，感恩意识绝不是简单回报老师的养育之恩，更是一种责任意识、自立意识、自尊意识和健全人格的体现。

有位哲学家说过："世界上最大的悲剧或不幸，就是一个人大言不惭地说没有人给我任何东西。"因此，首先就要让男孩知道老师教育的辛苦……所以，家长在教育男孩感恩老师的时候，就要告诉男孩：老师非常不容易。

　　儿子放学回家，告诉妈妈："我们数学老师真讨厌，总是不提问我。"

　　妈妈知道儿子是想得到老师的关注，于是明知故问："陈老师应该怎么办？"。

　　儿子回答得理直气壮："我举手了，老师就应该让我回答问题。"

　　"那其他同学也举手了，怎么办？陈老师一定也很为难。"

　　儿子皱着小眉头，暗自嘀咕着："是啊，全班有 35 个同学，每次叫谁好呢……我要是老师，我就叫好学生，不叫那些调皮的、打架的、欺负人的。"

　　"哦，有道理，那你优秀吗？平时调皮捣蛋、打架迟到、上课做小动作的男孩中，有没有你？"

儿子低头陷入了沉思。

让男孩学会感恩老师，目的是让他们懂得尊重老师。家长要告诉男孩，感受老师的善行、接受老师为自己的付出时，第一反应就应该是感激。如此，就给了男孩一种行为上的暗示，让他们从小知道爱老师、尊重老师。

在这个阶段，完全可以跟男孩一起做个角色扮演的游戏，想各种点子——合理的、不合理的、可行的、不可行的、幼稚的……让男孩一一尝试，寻找每个方法的后果。如此，就会惊讶地发现，大部分男孩都明白事情的后果，都清楚地知道是自己错了，只是心有不甘，纯粹狡辩。

当然，也不排除有个别男孩情商发育比较晚，认知水平稍稍落后。这时，家长可以跟他好好讨论，安抚情绪，适当地讲一些道理，让他明白现实真相，理解老师的良苦用心。

感恩同学——让男孩感恩同学，才能收获无穷友谊

感恩是中华民族的传统美德，中国历来就有"滴水之恩，当涌泉相报""投之以桃，报之以李"的感恩思想，鲁迅先生则要求人民要"感谢命运，感谢人民，感谢思想，感谢一切我要感谢的人"。加强男孩对同学的感恩教育，就要让他们从学会感谢同学的帮助开始。

　　小童是一名小学三年级的学生，偏科，尤其是数学成绩很不好。但是，同桌小江却十分优秀。一次考试后，老师说："小江，你有时间就帮助小童补习下数学。小童你也要多向小江学习。"妈妈知道了这件事，就对小童说："你要感谢小江。"小童很疑惑："这是老师交给他的任务，我还需要感谢他吗？"

　　妈妈点了点头，给他讲了一个故事：

　　凯礼还是个穷学生时，为了付学费，挨家挨户地推销货品。到了晚上，发现自己的肚子很饿，口袋里只剩下一个硬币。可是，当一位年轻貌美的女孩打开门时，他却失去了勇气。他没敢讨饭，只要求一杯水喝。女孩看出他饥饿的样子，给他端出一大杯鲜

奶来。

他不慌不忙地将它喝下。并且问："应付多少钱？"女孩回答："你不欠我一分钱。母亲告诉我们，不要为善事要求回报。"穷学生说："那么我只有由衷地表示感谢了。"穷学生离开时，不但觉得自己的身体强壮了不少，信心也增强了很多，他原本已经陷入绝境，准备放弃一切的。

数年后，那个年轻女孩病情危急。当地医生都束手无策，家人将她送进大都市，请专家为她检查。当凯礼医生听说病人来自XXX城时，眼中充满了奇特的光辉。他立刻穿上医生服装，走向医院大厅，进了她的病房。

凯礼一眼就认出了她。他立刻回到诊断室，并且下定决心要尽最大的努力来挽救她的性命。从那天起，他都认真观察着她的病情，经过漫长的努力之后，女孩终于起死回生，战胜了病魔。最后，计价室将账单送到医生手中，请他签字。医生看了账单一眼，然后在账单边缘上写了几个字，就将账单转送到她的病房。女人打开账单，上面只有一句话："一杯鲜奶足以付清全部的医药费。"签署人是凯礼医生。

听了妈妈讲的故事，小童若有所思点点头，并保证第二天上学一定要好好感谢同学。

生活在这个世界上，时时接受着各种恩赐：家长的养育、师长的教诲、爱人的关爱、朋友的友善、大自然的慷慨赐予……可是，对于这些恩惠，很多人似乎觉得这一切都是理所当然的，没有丝毫的感恩意识。

家长要特别注意，除了教男孩勤读书、有礼貌、守秩序外，也要培养他们感恩同学的心。只有感恩同学，才懂得爱，要让男孩学会感恩同学，对帮助过自己的人怀有感激之心。

同学是跟孩子接触时间最长的人，对于同学提供的帮助，一定要让他们表示感谢。

◆帮男孩建立良好的同学关系

家长应该多鼓励男孩跟同学交往，让他在一种良好的同学交往关系中健康地成长。拥有关系不错的同学，男孩就会慢慢地就会学会替同学着想，体会到关心和帮助同学的快乐，就不会养成专横霸道的坏习惯了。即使现在已经养成了坏习惯，也会因为拥有更多的同学而慢慢地改掉这个坏习惯。

小潮是个霸道的小男孩，经常会欺负同学，是学校里的"小霸王"，在学校里几乎没什么朋友。

有一天放学后，突然下起了大雨，小潮没带雨伞，这下可把他急坏了。小潮在学校的走廊里来回转悠，这时小铭从走廊里经过，看到小潮非常着急的样子，他问小潮是不是没带雨伞。

小潮说："是啊，这下你可以看我的笑话了吧。"

小铭却礼貌地说："我送你回家吧。"

小潮说："我经常欺负你，你还要送我回家，难道你不讨厌我？"

小铭没有说话，只是拉着小潮走进了雨里，小潮非常感动。

后来，小潮和小铭成了好朋友，小潮再也不欺负小铭了。可是，小潮还是经常欺负其他同学。

有一次，小铭看见一个高年级同学在欺负一个低年级同学，就跑过去替那个小同学解了围。

小铭问小同学："你没事儿吧？"

小同学说："我没事，谢谢你，大哥哥。"

小铭说："不用谢。"

小潮看到这个情景，就问："你怎么那么爱管闲事？"

小铭说："这不是闲事，我们是他们的大哥哥，就应该帮助他们，绝不能欺负他们。"

小潮被小铭的行为感动，很少欺负其他同学了，而且有的时候还会帮助他们。他也不再像以前那么霸道了，他还和很多同学成了好朋友。

虽然小潮经常欺负小铭，但小铭还在下雨天把小潮送回了家，小潮非常感动，于是两人成了好朋友。并在小铭的影响下，小潮慢慢改掉了霸道的坏习惯，与很多同学成了好朋友。

男孩整天跟同学在一起，互相之间免不了帮助，要让他对同学之间的帮助表示感谢。同时，鼓励男孩多跟同学交往，他们就会在与交往中受到同学的影响，慢慢地改掉霸道的坏习惯。

◆培养男孩对同学的爱心

独生子之所以会霸道，一个主要的原因就是他们缺少爱心。男孩一生下来就生活在一种被别人宠爱的氛围中，根本不知道怎么去爱别人，自然就会以自我为中心。要想让男孩感恩同学，就要加强对他们的爱心教育，让他明白：同学之间的爱是双向的，在同学爱他的同时，也应该爱同学。

有一天，爸爸带儿子去动物园，在动物园的门口他们看见一个双腿残疾的人。那人坐在地上，非常可怜。爸爸掏出来 10 块钱，交给了儿子："去奉献一点儿爱心吧。"儿子走过去，高兴地把钱放到残疾人的小铁盆里。

路人看见了，都觉得非常奇怪，就问："你为什么要让儿子给那个人钱？"爸爸说："我们家只有这么一个孩子，爷爷奶奶从小就把他宠坏了，很骄横，只知道让别人为他做事情，什么事情都只想到自己，我希望通过这件事情，让他明白他也应该为别人付出爱心。"

男孩回来，说："爸爸，我将钱给他了。"

爸爸说："你感到高兴吗？"

男孩说："当然高兴了，我帮助了别人。"

爸爸又说："你以后一定要学会关爱他人，不要总是想着让别人帮助你。凡事多替别人着想，不能总是以自己为中心，更不能专横霸道，这样你就会得到更多的快乐，知道吗？"

男孩认真地想了想爸爸说的话，说："我知道了，以后我一定会更关心别人，凡事多替别人着想。"

案例中，爸爸通过对男孩进行爱心教育，让他明白了当自己在得到他人关爱的时候，也应该多爱他人一点儿。切记：对男孩一定不能过分地纵容，爱他的时候，一定要有自己的原则，这才是正确的爱。

感恩生活——将感恩习惯的养成教育渗透在日常生活中

感恩是一种美德，来自于对生活的爱与希望。让男孩学会感恩，就是让他们懂得尊重别人，对生活的给予心存感激。因此，家长应该让男孩从知恩、懂恩开始，对生活感恩、报恩。

一位归国的老华侨想资助一些贫困地区的学生，于是在有关部门的帮助下，给多个有受捐助需要的学生每人寄去一本书，随书将自己的电话号码、联系地址和邮箱等一同寄出。老华侨的家人很不理解老人的做法："为什么送一本书还要留下联系方式？"

在家人的不解中，老人一直焦急地等待着什么，或守在电话旁，或看门口的信报箱，或上网打开自己的邮箱。直到有一天，一位学生给老人寄来了祝贺节日的卡片，这也是唯一与老人联系的学生。老人高兴极了，当天就给这位同学汇出了第一笔可观的助学资金，同时毅然放弃了对那些没有反馈消息的学生的资助。

这时家人才明白，老人是在用他特有的方式诠释"不懂得感恩的人不值得资助"的道理。

如今的男孩多数都是独生子，在家中可谓是"位高权重"。全家一切都以男孩为中心，男孩从小到大都扮演着被爱的角色。久而久之，很多男孩就认为，从家长那里得到东西是理所当然的，只知道索取，不知道回报，不懂关心别人和感激他人。所以，教育男孩学会感恩生活，是一件十分重要的事。

现在，男孩不懂得感恩生活，已经成为一个不争的事实。除了教男孩勤读书、有礼貌、守秩序外，家长也要培养男孩对生活的感恩之心。

◆**让男孩从感恩家长开始**

在人的一生中，对自己恩情最深的莫过于家长，是家长给予了我们生命，是家长辛勤地养育着我们。男孩的成长凝结着家长的心血，所以要让男孩牢记家长的恩情，感恩家长。

那天，男孩跟妈妈又吵架了，一气之下，他转身向外跑去。

男孩走了很长时间，看到前面有个面摊，香喷喷热腾腾，他这才感觉到肚子饿了。可是，他摸遍了身上的口袋，连一个硬币也没有。面摊主人是一个看上去很和蔼的老婆婆，看到男孩站在那边，就问："孩子，你是不是要吃面？""可是，可是我忘了带钱。"男孩有些不好意思地回答。"没关系，我请你吃。"

很快，老婆婆端来一碗馄饨和一碟小菜。男孩满怀感激，刚吃了几口，眼泪就掉下来，纷纷落在碗里。老婆婆关切地问："你怎么了？""我没事，我只是很感激。"男孩忙擦着泪水，对面摊主人说，"我们又不认识，你却对我这么好，愿意煮馄饨给我吃。可是我妈，跟她吵架，竟然把我赶出来，还叫我不要回去。"

老婆婆听了，平静地说："你怎么会这么想呢？你想想看，我只不过煮一碗馄饨给你吃，你就这么感激我，你妈妈煮了十多年的饭给你吃，你怎么不会感激她呢？你怎么还要跟她吵架？"男孩愣住了。

男孩匆匆吃完馄饨，开始往家里走。当他走到家附近时，立刻就看到了疲惫不堪的母亲，正在路口四处张望。这时，他的眼泪又掉了下来。

很多男孩都会为一个陌生人的帮助而感激涕零，却忽略了家长给予自己细小琐碎而又无微不至的关怀。

教男孩学会感恩，要让男孩从感谢家长开始。要让男孩知道，即使是来自家长那最简单的衣食、最质朴的关怀，也倾注了家长对他们的辛劳和热爱。这种爱是独一无二的，男孩要珍惜自己拥有的一切，理解并爱着家长。

在日常生活中，家长应该时刻创造条件启发男孩学会用感激、感恩的心态去面对大人的付出。

◆感恩生活中的挫折

要让男孩感恩生命中的挫折，告诉男孩，失败并不是一件坏事，因为在失败的教训中学到的东西，比在成功的经验中学到的还要多。如果想让男孩将来取得成功，就要让男孩学会感恩失败。学会感恩失败，才能正确面对失败，才能把失败变成自己的财富。

小兵上三年级了，学习成绩一直很好。可是，这次期中考试，没有进入前十名，于是他有点闷闷不乐。

爸爸发现小兵的失落，找他谈话："小兵，怎么这几天不高兴，是不是遇到什么事了，和老爸说说。"

"我觉得自己很笨，都没有进入前三名。"小兵很失望地说。

"那你看过试卷后，知道问题出在哪吗？是因为不会做吗？"

小兵说："不是，很多题我都会，只是当时可能太粗心了。"

"一次考试失败并不能证明你笨，老师和同学也不会因为你一时的失败而认为你很笨或不用功，既然都会做，因为粗心出得错，那么，下次考试时就不要再出错了。"

听了爸爸的话，以往的笑容才又重新回到小兵的脸上。

人生没有失败，其本身就是一种不幸；人生没有失败，世界也不会向前进步；人生没有失败，胆识、进取、意志和坚韧等闪光的字眼也就失去了存在的意义。

没有失败的人生是苍白的！失败是老天馈赠给人类最好的礼物，经历失败是人生中最宝贵的财富……所以，要引导男孩感谢失败。

俗话说："失败是成功之母"，说的就是这个道理。没有失败，哪里会有成功？不过，这个道理说起来简单，做起来并不容易。家长要让男孩知道，一个真正成功的人，不仅敢于面对失败，还会感谢失败。

懂得回报——懂得"回报"，男孩才会懂得珍惜、懂得体谅

中国有句古话："滴水之恩当涌泉相报。"问题是，许多在家人的溺爱中长大的独生子，从未有过回报的实践，也未产生过回报的意识。他们认为，别人为他所做的一切都是应该的，不需要感谢，更不需要回报。人们都说，母亲是最无私的，不要求孩子回报。对于今天的独生子，家长应该要求回报，并教会男孩怎样去回报自己的家人、怎样去回报别人。

儿子已经八岁，但在生活中却非常自私，一点都不懂得回报家长。

妈妈做好了饭菜，男孩不问这饭菜是怎么来的，不问母亲为这顿饭菜付出了多少辛苦，也不管全家老少是否吃过，上桌就吃；吃得不顺口，还要大喊大叫闹绝食。

妈妈给的零用钱，男孩理所当然地收下，还不时说着："怎么才给这么点儿，抠门儿。"花起钱来，大手大脚，一次可以买十几串羊肉串、几十瓶饮料请客。他从未想过，妈妈爸爸挣来这些钱有多么不容易。

　　一次，妈妈和男孩去超市买东西，回来时拎着两大袋子东西。身高一米四的儿子不仅不会帮助，还一直嚷嚷着走不动了。

　　这样的男孩，连自己的家长都不关心，对家长的付出视若无睹，长大了谈何孝顺？谈何付出和感恩！

　　男孩为什么不珍惜家长的劳动，为什么不珍惜钱和物，因为他们不知道这一切是怎么来的，一切都来得容易，享用的也会理所当然。家长要告诉男孩，他是怎样长大的；让男孩知道，关心过自己的人都有谁；让他们知道，在他们的成长中，妈妈爸爸付出的心血有多少……

　　一棵小树的成长，离不开阳光和雨露，离不开土壤和养料。当它长成大树，变成木材，建成高楼大厦时，就是最好的回报。同样，男孩的成长，也离不开亲人的关怀和爱护，离不开老师、同学等的教育和帮助，要让男孩把这些爱牢牢地记在心中，好好学习，长大以后用自己的行动去回报他人。

　　男孩的正确思想靠灌输，爱的种子需要培育，无情无义男孩的出现，是家长过度溺爱的结果。只要了解了家长的辛苦和不易，男孩一定会热爱家长、回报家长。

◆让男孩懂得回报家长

　　亲子之间的感情是一种自然的、发自内心的亲情，家长并不希冀什么回报，而每个孝敬的男孩都懂得回报他人。所以，一个家庭是否幸福，并不在于是否有钱，而在于亲情的深浅、家庭凝聚力的大小。懂得回报，男孩才能懂得感恩。家长爱男孩要有分寸，要让他们懂得回报。给男孩无原则的爱，往往会害了他们。

有一对年轻夫妇，平时生活十分节俭，但对四岁的儿子却有求必应。一天，母亲带儿子外出玩，并为儿子买了可口可乐。可是，儿子喝了几口就不愿再喝了。母亲渴了，刚拿起可乐送到嘴边，儿子就冲过来，一把夺过瓶子摔到地上，高声尖叫："这是我的，不准你喝；你喝了，我喝什么？"看着深色的液体汩汩而出，母亲背过身去，眼睛顿时湿润了。

家长对男孩的爱是最无私的，无私到不图他们的任何回报。可是，这种爱缺乏教育性，容易使一些男孩变得不知道关心家长，极端自私，甚至于目中无人。应当说，家长对男孩的爱是需要得到精神和物质上的回报的，只有男孩懂得回报，家长的爱才有积极的意义。

回报意识对男孩的成长有着相当的重要性，可以使他们由回报家长变成回报他人和社会，从而成为一个高尚的人。那么，如何教育男孩懂得回报家长呢？

善于索取。家长累了，就让男孩端杯茶来；与男孩一同上街购物，要让他们也帮助拎一部分可以拎得动的东西。

让男孩懂得分享。无论为男孩买什么好吃的东西，家长都不能违心地说"我不喜欢吃"而让男孩独享，要说"我也爱吃"，让男孩给家长留下一份。

对回报做出愉快的表示。男孩在关心家长方面做出任何一点儿行动，家长都应感到高兴。

◆学会索取爱，让男孩练就爱的能力

尼采曾说过："感恩即是灵魂上的健康。"常听到一些家长抱怨："现在的男孩太自私，从来不替家长着想。"问题到底出在哪里？家长身上。

爱是一种双向的情感交流，男孩在接受爱的同时，也希望去爱别人。在爱别人的过程中，能够练就爱的能力，得到别人的尊重和情感满足，男孩才能具有感恩之心，也能在面对困境时乐观向上。

　　晓晨今年 10 岁，是一名品学兼优的好学生，每次家长会，都会得到老师的表扬，家长对此相当满意。可是，一回到家，晓晨就像变了一个人似的，一个突出的毛病就是自私。饭桌上，只要是他喜欢吃的，别人就别想吃；一上街他就要买东西，从不听家长解释该月家用如何吃紧；亲戚家的孩子来做客，他的玩具和零食从来不让他们动，或者只有他玩够、吃够的东西才让给其他人；家长要他帮忙做点事，几乎不可能。

　　有一天，爸爸在厂子里受了轻微的工伤，手不能沾水，让晓晨帮忙洗个苹果，晓晨就以写作业为借口没去，直到妈妈回家，爸爸才吃上苹果。爸爸提起这件事就伤心，不明白自己的儿子怎么会不知感恩。

　　男孩出生时是一张白纸，很多行为习惯，包括感情的表达，都需要家长的引导。面对男孩，家长总是善于施与爱，而不知道接受爱、索取爱。妈妈给男孩买来了水果，他拿着水果给妈妈吃，妈妈说"你吃吧，妈妈不吃"；男孩见妈妈在做家务，想上前帮忙，妈妈却说"你去学习吧，学习好就行，家务我来做。"

　　家长一次次拒绝男孩爱的天性和努力，男孩就会失去爱别人的能力，习惯单方面地接受爱，认为这是理所当然的，甚至认为家长或别人不需要爱的回报。男孩的自私、冷漠并不是天生如此，而是家长在生活中的不当行为造成的。

当然，这里所说的向男孩索取爱，并不意味着是家长和他们斤斤计较，而是正常的教育行为，或者说是理智的教育行为。首先，家长不要拒绝男孩爱的行为，如果他们把自己手中的"好吃的"递到你的嘴边，不要拒绝，要坦然接受；如果男孩要帮助你做家务，即使可能越帮越忙，也要给他们机会。

合作：一个人势单力孤，只有同别人合作才能产生力量

多看长处——只有认识到对方的长处才能更好地合作

合作是一种能力，更是一种艺术。只有善于与人合作，才能获得更大的力量，争取更大的成功。在合作的过程中，过分地攀比，不懂欣赏他人，无法看到他人的长处，不仅会影响合作，还会对男孩的成长产生不利影响。因此，为了引导男孩更好地与他人合作，就要让他多看对方的长处。

儿子上一年级，每天下午接他放学，母子俩总是手拉手一起回家，路上边走边聊。这天，他们又走在回家的路上，儿子开心地说："妈妈，小可得了一百分。"小可是儿子的好朋友，同年级不同班，中午在一个午托班午休。儿子说这句话的语调使妈妈明显感觉他情绪高涨。看到儿子懂得欣赏别人，妈妈感到很开心，立刻说："小可很努力，以前成绩不太好，现在越来越好了，我也替你高兴。"得到了妈妈的肯定，儿子更兴奋了。

不到七岁的男孩是没有功利心的，眼中的世界一片纯净，好朋友取得好的成绩，让他也觉得是一件十分开心的事儿。这真的很好。可是，有些男孩却不是这样。每当别人取得好的成绩，总是满眼不屑，嗤之以鼻，嘴里嘟囔："切，有什么了不起。"反感别人在他面前呈现优秀的一面，为了体现自己的能力，总是大吼大叫，以强势压人。即使是最好的朋友，也是这样对待。小小年纪，在自身行为上将狭隘与自私表现得淋漓尽致。这么小的男孩，就懂得攀比，但还不清楚别人的好对他有什么不好。这个时候，是引导他用欣赏的眼光看待周围的最佳时机。

懂得为别人的成绩喝彩，是男孩未来拥有宽大胸怀和健康心态的重要因素。男孩的外在表现，正是家庭教育的体现。作为家长，一定要引导好儿子，让他与他人合作，要多看看别人的长处，多看别人的优点。

◆ 教会男孩悦纳别人

任何人都不是十全十美的，每个人都有自己的长处和优点，也会有自己的短处和缺点，家长要引导男孩正确地看待这个问题，让他们以正确的态度来对待身边的每一个人。

前一段时间，肖骁和李天总是在一起玩弹珠游戏，可是最近几天他们都没有在一起玩了。

妈妈问肖骁："最近，怎么没跟李天一起玩弹珠啊？"

肖骁说："我以后再也不和他玩了。"

妈妈心有疑问，立刻问："怎么了，你们发生什么不愉快的事情了？"

肖骁生气地说："他经常给我起外号，我讨厌他。"

妈妈笑着说："起外号也不是什么坏事，不能只看到他的缺点，应该想想他的优点。你看，李天平时对你多好，有了好吃的，第一个想到的就是你，而且还经常帮你解决学习中的问题……你去跟李天和好吧。"

听完妈妈的话，肖骁有点儿犹豫。

妈妈又说："这几天你是不是很想玩弹珠游戏？你看，你和李天吵架了，两人就玩不成弹珠了，弹珠游戏需要合作才能玩。如果想玩，就去找他。"

肖骁终于下定决心，拿着弹珠去找李天玩了。

妈妈对肖骁进行耐心的劝导，让肖骁看到了李天的长处；同时，也通过玩弹珠这件事情，让肖骁明白了与别人合作的意义。家长也应该向故事里的妈妈学习，在男孩与人合作的过程中，引导他们要懂得接纳别人，更好地与别人合作。

哲学家艾思奇曾经说过："一个人，如果像块砖一样砌在大礼堂的墙里，谁也动不得；一旦丢在路上，挡人走路，就会被人一脚踢开。"只有将砖砌到墙里，才会牢固，同样男孩只有融入社会，学会与人合作，懂得纳悦别人，才能发挥出最大的力量。

◆让男孩多看到别人的优点

随着年龄的增长，伴随成长而来的有快乐，也有更多的困惑。每天晚上放学回家，家长总会试探着问男孩一些学校和班级里的事情，他们多半都会跟大人一起交流，并说出自己的理解和想法。但是，男孩看问题的角度往往是单一的、过于主观绝对，看待人和事习惯用好或坏来加以评判，就会影响自己和合作者的接触。因此，与人合作，要引导男孩多看对方的优点。

有一次，儿子放学回到家，说他们班上有个同学不写家庭作业、在课上吃零食乱讲话，老师与家长沟涌后，将他调到后排去了。

儿子说："自己不好好学，还搅得别人也学不好，真是太讨厌了，我才不要和他玩呢。"

听了儿子的抱怨，妈妈并没有感到吃惊，因为她也曾经有类似的经历和想法——厌恶甚至瞧不起那些或淘气或顽劣、成绩一塌糊涂的同学。长大后妈妈渐渐明白，当时的想法和做法是那么偏激、狭隘、不公正，甚至影响到自身良好性格的养成。况且，在多元和开放的社会中，人的发展有了更大的空间和可能性，一个人的未来存在多种变数和走向，而一个人的成功与否不仅依赖考卷成绩，也许某些特质和优点便可以成就一个人。

妈妈对儿子说："那个同学不认真学习，的确是一大缺点，那他身上就没有一点优点吗？"儿子想了一想，说："他愿意把自己的东西拿出来给大家分享，平时很喜欢读课外书。"妈妈说："对呀，他不好好学习是个缺点，但是不自私却是他的优点，何况他正在打算改正自己的缺点。你要学习他身上的优点，不要因为他的缺点而瞧不起他，甚至对立起来。"

每个人都像一块银币，拥有了优点同时也存在缺点。男孩也不例外，在与人合作的过程中，要让他们用一颗包容的心去接受对方的缺点，不要因为对方的缺点而过度指责他。

要正确引导男孩学会欣赏他人，如果他们抱怨伙伴不好，家长先不要一口否定他们的观点，要试着去理解男孩的说法，并且告诉他：人无完人，伙伴身上固然有缺点，但也有很多优点！还可以与男孩一起回忆，看看同学都有哪些优点，比如：喜欢帮助老师抹桌子、讲故事出色等。在家长的帮助下，男孩就能发现他人更多的优点，学会欣赏别人与包容他人了。

加强协作——鼓励男孩通过体育运动提高团队协作力

男孩并不是天生就是坚强、勇敢的，有时他们也会很脆弱、怯懦；男孩不是铁打、钢铸的，他们也会疲劳、生病，同样，要想提高男孩的团队协作能力，就要带领男孩进行体育锻炼。因为，体育锻炼不仅可以增强男孩的体质，促进他们的身心健康，还可以培养他们合作的协调性。

面对自己的儿子，家长不要表现出异样，更不要用"你怎么就不像个男孩""别整天跟个女孩一样"等语言来刺激他，否则只会使他们感到更加无助。家长应该做的是：带他们去打篮球、踢足球、跑步和游泳等，参加一些体育锻炼，让他们在运动中感受到团队合作的力量。

儿子从小就羞涩、腼腆，不敢和同伴一块玩，为了使儿子变得胆大起来，爸爸决定带他去参加体育锻炼，同时加入了一些训练勇气的项目，比如，打沙袋、碰撞、勇敢者游戏等。儿子渐渐地喜欢上了游戏里的自我较量，不但增长了力气，还学会了保护自己，变得开朗、胆大了不少。

　　当然，儿子在体育锻炼中不免会遇到受伤的时候。一次，儿子在玩滑梯时，不小心把膝盖磨掉了一层皮。当时，他抱着膝盖，眼泪马上就要掉下来。爸爸没有大惊小怪，也没有哄他，一边帮他处理伤口，一边对他说："儿子，你是小男子汉了，受点小伤就哭鼻子，会被其他小朋友耻笑的。再说，以后爸爸、妈妈还要依靠你保护呢。如果你是勇敢、坚强的男子汉，就对爸爸笑一笑。"儿子听完，含着眼泪笑了起来。

　　这一次教育对儿子起了很大的作用，从那以后，儿子受一点小伤不再告诉爸爸，甚至自己还学会了包扎伤口。

　　多让男孩进行体育锻炼，不仅有助于魁梧身材的塑造和力量的培养，还会让他们在锻炼中找到自己的角色定位，增强自己作为合作者的责任感，成为一个正直、勇敢、热情、开朗的男子汉。当男孩的勇气一点点增加时，胆子就会一点点大起来；而且，随着男孩勇气的增加，他也会变得越来越坚强，越来越有男子汉气概。

　　但是，家长要注意区分男孩身上的特点。对于不同性格特质的男孩，要选择不同的体育项目，比如，有些男孩急躁易怒，有些男孩腼腆胆怯，有些男孩孤独自闭，有些男孩自负好强……选择具体的运动项目，要因人而异。要通过不同的锻炼项目来发掘出男孩身上的潜在能力，培养他们与人合作等品质。

◆把运动和学习结合起来

　　男孩的学习压力大是一个现实的问题，家长要鼓励男孩运动，为了提高他们对运动的兴趣，就要告诉男孩：运动可以帮助他更好地学习，不能因为运动而舍弃了学习，要将二者结合起来。

　　肖松成绩非常好，但他并没有像大家想的那样"头悬梁锥刺股"，反而运动的时间非常多。他喜欢多种体育运动，得到了学校各类球队的青睐。肖松的全面发展，得益于妈妈对他的引导和用心良苦的教育。

　　妈妈认为虽然学习是男孩的主要任务，但健康也不容忽视，它是快乐学习的必要保障。因此，妈妈每天都带肖松进行1个小时的运动，无论自己的工作有多忙，无论儿子成绩怎样，从未间断过。

　　果然，肖松虽然花在学习上的时间比其他同学少，但是成绩依旧名列前茅，这得益于体育锻炼让他提升了学习效率。另外，即使考试成绩有时候不理想，他也不灰心丧气，也是因为体育运动增强了他的意志力。

将运动与学习结合起来，不仅有利于学习，还有利于合作意识的提高。因此，对于这一点，家长一定要重视。

◆ **引导男孩坚持锻炼**

让男孩有一个好的身体，是家长共同的愿望，也是男孩实现人生理想的基础。只有拥有了健康的体魄，才有健康的人生，所以就要引导男孩从小将身体搞好。那么，在家庭教育中如何培养男孩健康的体魄呢？除了营养和休息外，最重要的就是锻炼。

　　星期天早上6点钟，闹铃响了，睡梦中的小田醒过来，伸手关掉闹钟后，翻个身，继续睡觉。妈妈尖锐的喊叫声突然响起："小田，赶快起床。你不是已经跟爸爸约好了，今天起早，跟着爸爸去公园晨练？"

小田实在不愿起来，可是妈妈又大声喊着："赶快起来！"

"再睡 5 分钟，只要再睡 5 分钟就好啦。"小田像虾米一样把身体缩成一团，拉回被妈妈掀开的被子。

"快点儿起来，你爸早就准备好啦。你怎么还在睡呢？"

"让爸爸一个人去吧！"小田发脾气了。

妈妈似乎没有要放弃的意思："你昨天已经约了爸爸早上一起去运动的，不能不守信用。"说着，妈妈又把被子掀起来。

小田无奈地脱掉睡衣，换上妈妈准备好的运动服。

小田到了门口，打了一个很大的哈欠。

在门口做着简单的运动操的爸爸问他："终于起床了？"

小田毫无精神地点点头。

"看你的眼睛，好像还没有完全睡醒。叫你早点儿睡，偏不听，这会儿又困。"爸爸摇摇头说。

爸爸走在前面，小田跟随在后，一步一步慢慢地向附近的公园走去。

现代医学研究证明，人的生命活动遵循着一定的周期性或节律。例如，情绪、体力、智力都有一定的时间规律，许多生理指标，比如：脑电图、体温、血压、呼吸、脉搏等，都是按照季节、昼夜的规律而有节奏地变化着，起居作息也必须符合这个运转规律。否则，就会降低人体对外界环境的适应能力，导致疾病的发生。

事实证明：坚持早睡早起、坚持早晨锻炼的人，大都身体好、气质好、性格好、生病少。因此，家长应帮助男孩从小养成早睡早起的习惯，让男孩到户外跑步、散步、打球、做体操，或者在室内打开窗户做各种运动。

服从全局——合作中，要服从全局，不能唯我独尊

唯我独尊的男孩，只关心自己的利益，一切以自己为标准，不懂妥协，不善于跟他们合作，跟这样的男孩一起合作，他人会感到很被动，继而产生厌烦感。因此，要想提高合作效果，就要引导男孩服从全局，照顾团队和集体利益。

天宇今年5岁，成绩优秀，聪明活泼，从小到大都是一个让人骄傲的男孩。可是，自从上了幼儿园之后，天宇越来越不招人喜欢，朋友越来越少，性格渐渐地发生了变化。

爸爸和妈妈以前在北京上班，后来由于工作的需要，去了石家庄。那时，天宇还很小。为了给天宇更好的教育，两口子付出了很大的心血。在他们的努力下，天宇慢慢长大，非常聪明，明显高于同龄人。

在天宇很小的时候，每次在外面跟那些此他家条件差的孩子玩，爸爸都会把他拉回家，还训斥他怎么会和那样的孩子在一起；上了幼儿园，妈妈也会根据自己的看法，将儿子班上的同学分成

三六九等，提示儿子和那些聪明的孩子、家境比较好的孩子交往。

因为妈妈依然相信"近朱者赤近墨者黑"，孩子必须有一个很好的交际圈，而这个圈子的人的身份、地位都相差无几。久而久之，天宇也变得骄傲起来，在他眼里他是最优秀的，别人都没有资格和他一起玩。

渐渐地，天宇在幼儿园的朋友越来越少，随着年龄的增长，天宇也逐渐意识到别人不喜欢自己，慢慢地，性格也发生了变化，变得越来骄傲、目空一切。甚至，在家的时候连家人也不放在眼里。

记得有一次，母子俩玩游戏时，儿子蔑视地瞧了妈妈一眼，说："就凭你那智商，也敢和我玩！"

听到后，妈妈是又气又急，却又无可奈何。

看到这里，我想说的是，不知道天宇妈有没有认识到自己的错误。她只看到男孩骄傲、目中无人，却忽略了家长对男孩的影响。

要知道，男孩现在的状况和家长有很大的关系。家长很骄傲，认为自己的工作、生活比别人好点，就看不起人；因为自身条件比较优越，在男孩面前流露出对他人的不屑。男孩看到家长的表现，也会仿效他们，只看到自己的优势，而嘲笑别人的短处。这是家长在教养中的失误。

俗语道："虚心完事能成，自满十事九空。"对于男孩来说，自以为是、目中无人，只会在团队合作中碰壁，只会让自己与成功南辕北辙；只有服从全局，才不会失去人缘，才能使自己在团队中受到欢迎，才能让自己立于不败之地。家长应该成为男孩优秀品格的榜样，不要唯我独尊，不能在男孩面前表现出自负情绪，以免男孩受到不良影响。

◆**教男孩拥有正确的竞争意识**

在现代社会大背景下，各方面的竞争都非常激烈，为了男孩以后能够在社会上更好地生活，一定要努力培养他的竞争意识。当然，在培养竞争意识的过程中，家长要注意方式方法。

郭永今年 8 岁，数学成绩非常好。数学课上，老师想要选出一位数学课代表，就在黑板上出了一道数学题。老师说："谁能把这道题算出来，就选谁做课代表，好不好？"同学们都觉得这个主意不错。

同学们都踊跃发言，可是谁都没有说出正确答案。在老师刚把题目写到黑板上时，郭永就已经知道答案了，虽然他非常想当数学课代表，但是却没有像其他同学一样积极地去争取，错过了当数学课代表的机会。最后，老师选第一个举手回答问题的学生做了数学课代表。

放学回家后，郭永闷闷不乐地坐在沙发上。妈妈发现儿子的行为有些异常，就问："你怎么了，遇到什么不开心的事了吗，可以告诉妈妈吗？"郭永把学校里老师选课代表的经过和自己当时的想法跟妈妈说了一遍。

听完儿子的叙述后，妈妈对他说："儿子，你想做数学课代表，已经知道答案了，就要说出来，努力竞争数学课代表的职位。要记住，很多机会都是自己竞争得来的，如果没有竞争意识，机会就会从你身边溜走。"

儿子认真地思考着妈妈说的话，过了一会儿，对妈妈说："妈，我明白了。"后来，郭永的竞争意识变得越来越强了，他总会尽最大努力去抓住停留在自己身边的机会。

只有不断培养男孩的竞争意识，他才会努力地去抓住生活中的每一个机遇，才能获得成功。家长要努力给男孩灌输正确的竞争意识，否则，他就不能适应激烈的社会竞争，就不能拥有美好的未来，更不能保护自己。

合作的过程，也是一个参与竞争的过程，这里既包括跟对手的竞争，也有跟合作者的竞争。既然要参与竞争，就要树立正确的竞争意识，比如：遵守比赛规则、不伤害对手、向对手学习、跟伙伴互相补充、不诋毁他人等。

◆**不要过度表扬男孩**

事实证明，小时候总是过度受到家长表扬的男孩，步入社会后很可能会遇到更多的失望。这是因为，为了鼓励男孩，有些家长会不按客观事实、夸大其词，这种过分赏识会让男孩飘飘然，失去了对自我价值的客观判断。因此，家长利用赏识教育培养男孩的自信心，不能过于夸大其词，动不动就表扬男孩。整天都让男孩生活在赞扬之中，他们就会产生盲目的自信，进而走向自负。

前段时间，去一个亲戚家做客。亲戚家的儿子斌斌，8岁，已经练习了多年的舞蹈。刘先生一进门，亲戚就催促着斌斌为他们表演一段。

斌斌不负众望，很快就表演了一段，赢得了大家的一致好评，连连夸赞："斌斌跳得真是太好了！"

这时，亲戚说："我儿子是班里跳得最好的，有时候我看着比电视上的小演员都跳得好。"

这时候，斌斌对亲戚说："爸爸，你也给大家跳一段吧。"

亲戚说："我可不会跳舞。"

斌斌说："是吗？像你这么笨的爸爸，能生出我这样的舞蹈天才，简直就是个奇迹。"

听了斌斌的话，亲戚顿时脸红，不知道该如何开口。

过了一会儿，斌斌去自己的屋里玩耍了，亲戚对刘先生说："瞧瞧这个孩子，要不是当着这么多人的面，我真想好好教训他一顿。"

在夸赞声中长大的男孩很容易骄傲，甚至有些盲目自大，把谁都不放在眼里。斌斌就是因为受到了太多的赞美，连自己的爸爸都看不起了。这种情形也是爸爸自己造成的，他太虚荣，总想炫耀儿子的优点，总在人前夸耀自己的儿子跳舞有多好，久而久之斌斌就骄傲起来。

研究发现，表现越出色的男孩，越禁不住夸赞，因为过多的夸赞会让他们产生骄傲的心理。正确的做法是：在表扬男孩时，高度重视感情的作用，尽量做到浓淡适度。有时，对男孩轻轻的一个微笑，也会起到许多赞美之词无法起到的作用。同时，家长应尽量不要在外人面前夸奖他们，因为他们的自我评价能力还很差，看到那么多人肯定自己，很容易产生错误的认识，认为自己真的很优秀，产生自负情绪。

求同存异——遇到问题，多商量

现代社会是一个科学技术飞速发展、各种知识大爆炸的时代，这就决定了男孩要想取得成功，必须要与他人协作。一个人是不可能掌握全部的技术和知识的，只有善于跟他人商量，才能够实现双赢。

杜洋上幼儿园大班，上课的时候老师把孩子们分成了 10 组，每组 3 个人。

老师说："一会儿老师给你们每组都发一盒积木，每组都要团结协作，做出自己想要的东西。下课的时候，老师检查你们合作的作品，好不好。"

孩子们异口同声地回答道："好。"

老师给每组都发了一盒积木。杜洋这一组领完积木后，就开始准备做自己想要的东西了。

杜洋说："我们搭一座城堡。"

另一个小朋友说："我们建一个公园吧。"

最后一个小朋友说："我们用积木做一个大汽车吧。"

第十章　合作：一个人势单力孤，只有同别人合作才能产生力量

　　三个人你一言，我一语，谁都有自己想要做的东西，谁也不愿意妥协。争执了半天，还是没商量出一个结果，谁也没办法搭积木，只好看着其他小朋友高高兴兴地做自己喜欢的东西。

　　一节课的时间很快就过去，老师来检查孩子们的成果了。

　　当老师检查到杜洋这一组的时候，老师说："你们做的东西呢？赶快给老师看看，在哪呢？"

　　杜洋不好意思地说："老师，我们没有做。"

　　老师感到非常纳闷，问："其他小朋友都做了，你们为什么没有做啊？"

　　杜洋说："老师，我们想做的东西不一样，所以就没有做。"

　　老师说："原来是这样啊。你们看，其他小朋友都通过合作，完成了自己的作品。可是，你们三个不懂得合作，就不能体会到合作的乐趣，更不会享受到合作的成果。"

　　三个小孩都羞愧地低下了头。

　　三个孩子没有与人协作的意识，没有达成一致的意见，因此没能做出作品，也没有享受到与人合作的乐趣。这种情况，持久下去，男孩就很难体会到取得成功后的喜悦。

　　如今，要想在当今社会中生存下去，就要拥有一种与人协作的意识和能力，多跟合作者商量，才会拥有更大的发展前途，才能取得更大的成功。不注重培养男孩与人协作的能力，认为男孩现在还不需要拥有这些能力，等他长大了，他自然就懂了。这种想法是不正确的！

　　任何一种能力都不是说掌握就能够掌握的，都需要经过一个长期的培养过程。如果男孩在小时候就没有养成这种合作意识，不懂跟他人商量，

205

长大后就很难处理好与别人的关系。所以，家长要从现在开始，培养男孩的协作能力，鼓励他们与人商量。

◆ **抓住有利时机，跟男孩多商量**

现代社会是一个强调分工与合作的社会，合作能力已经成为一种基本的生存能力，所以培养男孩的合作能力，家长一定不能忽视。因此，家长在培养男孩合作意识时，必须抓住有利时机，鼓励男孩与他人多商量，因为很多决策的出现，都来自商量。只有多种思维经过碰撞，才能迸发出智慧的火花。

小昆是个非常有主见的男孩，凡事喜欢自己拿主意，很少和其他孩子一起交流，一起玩。妈妈平时劝他很多次，让他多和别人交流、合作，但是他都不以为然。妈妈认为这样长期下去对他的成长很不利，于是想出了一个好方法，那就是有意给小昆制造"困难"。

小昆平常非常喜欢奥特曼，妈妈就给小昆介绍了一个很好玩的游戏——"奥特曼追杀罪犯"。听妈妈讲这个奥特曼游戏很好玩，小昆也想玩。妈妈说："这个游戏很好玩，可是没有其他小朋友怎么能玩呢？"听了妈妈的话，小昆思考了一会儿，说："哦，妈妈，你帮我找几个小伙伴一起来玩吧。"

显然，小昆还是不想和其他小朋友主动交流，妈妈接着鼓励他说："这个游戏需要你和其他小伙伴一起玩，当然得你去主动找他们了，这样才有利于你进入游戏角色。"

听妈妈这样说，小昆认为有道理，于是主动找来了几个男孩。随着这次困难的解决，慢慢，小昆愿意与人合作了，也愿意参与小朋友之间的集体游戏了，慢慢地他的合作能力有了很大的提高。

对男孩来说，求同存异，不仅可以借助别人的力量获得更大的力量，还能学习到别人的优点和长处，以用来弥补自己的弱点和不足。不仅如此，男孩也能体会到团体的力量和乐趣，增强团队合作意识。

合作，是多人协商的结果。固守自己的意见，而不跟他人商量，不仅无法得到满意的答案和方法，还会引起他人的反感。一定要让男孩记住：只有经过商量，才能找到最佳的方法。忽视了商量，将自己的嘴巴闭紧，合作的意义也就会失去。

◆让男孩在相互帮助中学会合作

每个男孩都有自己的优势与长处，都有自己的弱点和不足，让男孩之间相互合作，有利于他们弥补各自的不足，学习别人的长处。

知识经济时代，团队精神在竞争中越来越重要，很多工作都要经过团队合作才能完成。只有懂得与人合作，才能获得生存空间；只有善于合作，才能赢得发展。懂得合作的男孩，成人后会很快适应工作并发挥积极作用；而不懂合作的男孩在生活中会遇到许多麻烦，产生更多困难并且无所适从。

小栋的数学成绩不太好，妈妈经常亲自辅导他，但也不见起色。妈妈对这事感到很头疼，不知道该如何帮助儿子提高数学成绩。一次，同学小晖来找他一块写作业，妈妈偶然发现小晖的数学成绩不错，决定让小晖来帮助小栋学习数学，小晖高兴地答应了。小晖还说，要小栋帮他学习语文，因为他的语文成绩不如小栋好。就这样，两个男孩达成了相互帮助的协议，经过一段时间的努力，学习成绩都有了不同程度的提高。

欧洲著名的心理分析家 A·阿德勒认为："如果儿童未曾学会合作之道，必定会走向孤僻之途，并产生牢固的自卑情绪，严重影响他一生的发展。"可见，男孩学会跟人商量多么重要。

学会商量是男孩在未来适应社会、立足社会不可缺少的重要因素。如今，男孩多数是独生子女，过度的呵护与溺爱，让很多男孩唯我独尊，缺乏团结协作精神，不懂跟他人商量。这些都是男孩心理品质上的弱点，通过人际交往和必要合作，则能改变和矫正这种不良的心理品质。

交往合作是现代人必备的性格特点，对男孩加强合作性的训练，是形成健康向上集体的必要条件，也能为男孩良好人格的形成打下坚实的基础。因此，家长在教育男孩时，就要让男孩在互相帮助的过程中学会合作。

第十一章

责任感：受到责任心的驱使，男孩更容易做出成绩

对己负责——男孩的事让他自己负责任

责任感是每个男孩都应该具备的品质，培养男孩的责任感，首先就要让他们对自己的事情负责。

7岁的小源端坐在电视机旁，手边放着一杯热气腾腾的牛奶、刚买来的面包。妈妈站在旁边等小源吃饭。

"妈妈，这么烫的牛奶怎么喝？"小源以一种责怪的口气说。

妈妈赶忙端起牛奶使劲吹让牛奶降温。

"妈妈，我的鞋带松开了。"小源又叫喊。

妈妈马上放下手上的牛奶杯，蹲下来给他系鞋带……

一个冬天的早晨，雪下得很大。小源坐在路边草坪的护栏上，伸着腿，叉着腰，指着马路上正在为他叫的士的爸爸喊着："爸爸，你能不能快一点。要是还叫不着车，迟到了，怎么办。"

爸爸一只手抱着儿子的书包，一只手不停地挥动，满头大汗，不停地跑前跑后……

小源难道真的不会喝奶、没有系鞋带的能力吗？不是！很明显，小源原有的责任感被大人的保护伞阻挡住了。

男孩是家里的独生子，家长将所有的爱都倾注在他们身上，娇生惯养，百依百顺，舍不得放手，事无巨细都替男孩安排得妥妥当当，男孩无任何责任而言，久而久之，责任意识就逐渐被抹杀或退化。

责任感，是孩子的基本素养。具有责任意识的男孩，会对自己的事情负责，敢于承担责任；而没有责任意识的男孩，就会推脱责任，袖手旁观。不敢承担责任的人，是自私的，只顾自己、忽视他人，既不得到他人的认可，也无法赢得他人的合作。因此，要想让男孩在成长之路上走得更顺畅，就要引导他们养成自己的责任自己担的习惯。男孩的责任感是应该从小培养的。

◆引导男孩负责自己的事情

培养男孩责任感，首先就要引导他们对自己的事情负责。比如：自己整理书包、抽屉、书柜；早上起床，自己叠被子、穿衣服；自己打扫房间……总之，男孩责任感的培养首先要从对自己做的事情负责开始。

下午放学后，小男做完作业了，在院子里玩水枪。该吃晚饭了，他放下水枪去吃饭，水枪和盆子还在原地放着。妈妈坐在饭桌前，对他说："你还有一件事没做好。到院子里看看去。"

小男出去一下，片刻就回来说："哪有事呀？"

妈妈说："盆子原来就在那儿吗？天黑时绊倒人怎么办？"小男一听，羞愧地将盆子放回原处。

晚上，要睡觉了，小男往床上一躺，大声地喊："妈，快帮我盖被子，再帮我整理好书包。"

爸爸来到床前，对小男说："你长大了，自己的事情该自己做。"

"为什么？"小男问。

"爸爸讲个故事给你听：从前，森林里有只小猴，什么事情都得依靠家长，饭来张口，衣来伸手。时间一长，它的嘴巴越来越大，手脚却越来越小，还不听使唤。后来，家长老了，兄弟姐妹都能独立生活了，可小猴什么本领都没有。"爸爸说到这里停住了。

"结果呢？"小男问。

"你还是自己去想吧，晚安。"爸爸起身离开。

小男盖好被子，好久睡不着，自言自语地说："我不要变成大嘴巴，我不要长成一双小小的手，我要……"

对自己的事情负责是建立责任感的基础。在教育的基础上进行实践，在实践的过程中渗透责任感的教育，男孩就能做到从自我做起，对自己的生活、学习和工作负责，比如：收拾自己的房间，整理书包和学习用品，按时完成老师布置的作业，记住并认真完成任务，答应别人的事尽所能去完成等。尽管这些事情看起来微不足道，但男孩有意识地注意这些事，会发展和提高他们的责任意识和责任感。

当然，培养男孩的责任感，不能仅靠说教，要通过细节调动男孩的积极性。因此，要注重让男孩参加实践，让男孩在做中学，在做中提高责任意识。家长可以有意识地把各种劳动任务分配给男孩，让男孩有事可做，做事有责任感，从而养成责任行为习惯。

◆让男孩对自己的行为负责

责任感，需要在少年时期养成。男孩犯了过失，比如不小心打碎了他人的东西，该赔偿就得让他赔偿。如此，不是害他，正是培养男孩的责任感。久而久之，他对一些事情就敢于负责了。

　　1920 年美国的一天，一个 11 岁的男孩在踢足球时，一不小心，将邻居家的玻璃打碎了，邻居向他索赔 12.5 美元。当时，12.5 美元是一笔不小的数目，能够买到 125 只母鸡。

　　小男孩知道自己闯了大祸，垂头丧气地回到家，向父亲承认了错误。父亲却对他说："这是你自己的过失，你要对它负责任。"

　　小男孩很郁闷，满面愁容地问："可是，爸爸，我哪儿有那么多钱赔偿给邻居呢？"

　　父亲回答说："我可以先把钱借给你，但是一年后要还给我。"

　　从那天开始，小男孩就开始了艰苦的打工生涯。经过半年的努力，终于挣到了 12.5 美元，还给了父亲。

　　这个小男孩就是美国的第 12 届总统罗纳德·里根。里根总统在回忆这件事时说："通过自己的劳动来承担过失，让我懂得了什么叫责任。"

由此可见，培养男孩的责任心要从小抓起，告诉他：要对自己的行为负责，不能事事指望、依靠别人，让他明白自己的行为会产生什么样的后果，这样男孩在做事情时就不会显得鲁莽、草率了。

鼓励男孩勇敢地承担责任，就要让男孩知道，是自己的过错造成了这种后果，自己应当给予赔偿。对男孩过分溺爱，会使他们缺少责任心，所以不要总是替男孩善后，要尝试着让他自己承担后果。

家长要更新自己的教育理念，努力培养男孩的负责精神，让他们都成为自强、自立的人；男孩做错了事情时，家长应该让他承认错误并找到解决的方法，鼓励他们敢做敢当，不逃避责任。

主动担责——允许男孩犯错误，但不允许男孩推卸责任

既然是做某件事，肯定会遇到问题，也会犯错误。这时候怎么办？是让男孩主动承担责任，还是让他们将责任推给他人？答案自然是前者。因为，只有敢于承担责任的人，才能赢得他人的认可和理解。

小承很淘气，总会给爸爸妈妈惹事。有一次，小承和一位同学发生了争执，两个人在撕扯的过程中，小承将同学的手抓伤。老师知道后，让小承向同学道歉，并带同学到校医务室看医生。小承却摆出一副漠然的样子，耸耸肩膀，说："打电话找我爸，让他来处理。"

老师打电话联系到小承爸。小承爸知道事情的经过后很生气，让小承向同学赔礼道歉。小承却满不在乎地说："让他非要跟我打，活该，他还捏疼我的胳膊呢，现在还疼呢。事情又不关我的事，我才不向他道歉呢。"听了这话，小承爸气得真想打他两巴掌。最后，小承爸给那个同学付了医药费，还替小承向对方道了歉。

一个星期天，妈妈带小承坐公交车去公园玩。在公交车上，

一位阿姨的钱包被小偷偷走了。小承看到了，却没吭声。等到那位阿姨发现自己的钱包被偷了，小偷早就下车了。下了公交车，小承悄悄告诉妈妈："我看到那个小偷了。"妈妈立刻问："那你怎么不提醒那位阿姨呢？那样的话，她就不会丢钱包了。"谁知，小承却说："哎呀，妈，小偷偷的又不是我们的钱包，干吗要多管闲事？"

案例中，小承不仅对自己的行为缺乏责任感，对社会行为也缺乏责任感。缺乏责任感的男孩长大以后是很难对社会和家庭负起责任的，所以家长应该从小就让他们意识到，是男子汉就要对自己的行为负责任。

对于男孩来说，责任心应该从小开始培养，并要随着年龄的增长逐渐得到巩固和提高。男孩总是对自己做过的事情不负责任，不愿意承担后果，家长就要及时纠正，以免他们将这种习惯带到成年。

为了注重培养男孩的责任心，可以从以下几方面做起：有意识地交给男孩一些任务，鼓励他们独立做事；鼓励他们做事有始有终，引导他们养成持之以恒、认真负责的好习惯；鼓励男孩勇敢地承担责任，对于自己的行为造成的后果敢于承担；告诫男孩不要轻许诺言，一旦许诺，就要尽可能地做到……

培养男孩的责任心，要遵循这样一个顺序：从自己到他人，从家庭到学校，从学校到社会，从小事到大事。家长不要仅将男孩的责任心定位于对他自己负责，更要让男孩承担一定的家庭责任，否则男孩走上社会后，很难向社会责任过渡。

◆让男孩承担自己的错误

敢于负责的品质，需要在少年时期养成，男孩犯了过失，比如：不小心打碎了人家的东西，该赔偿就得让他赔偿。这样做，不是害他，而是培养男孩责任感的良好时机。久而久之，他就对一些事情敢于负责了。

　　小铭第一次接触到"责任"的概念是小时候，爸爸妈妈带着他去一个朋友家玩。

　　到了朋友家，大人们去聊天，小铭就和对方家的男孩一起玩。几个小男孩聚在一起很快就打成了一片。大家互相追逐着，正玩得热闹，小铭一不小心把放在沙发旁边的一个热水瓶踢碎了。幸亏热水瓶里没有多少水，没有烫伤人。

　　爸爸妈妈看到小铭这么不小心，居然把主人家的热水瓶弄破了，刚要责备他几句，主人立刻过来安慰小铭："没关系，男孩们玩起来弄破点东西，没什么大不了的。"主人没有追究，但爸爸妈妈却觉得这并不是一件简单的事，踢碎热水瓶虽然事情不大，但是如果轻易地让这件事情过去，就会使小铭产生一种坏印象：做错了事，没什么。

　　离开朋友家以后，爸爸妈妈没有直接回家，而是带着小铭一起到商场买了一个热水瓶。"妈妈，我们买热水瓶干什么？""赔给叔叔。""刚才那个叔叔不是说没事吗，再说我也不是故意的，我们为什么还要赔他呢？""小铭，一个人做错了事情就应该负责，即使是再小的事情。"从那个时候起，在小铭的心目中，就有了"责任"的概念。

　　鼓励男孩勇敢地承担责任，就要让他知道，是由于自己的过错才造成了这种后果，自己应当给予赔偿。案例中，当小铭在跟小朋友玩的时候，不小心将人家的暖瓶踢碎了。虽然主人没有说什么，但小铭爸妈依然带他去买了新的暖水瓶、还给了人家，从而引发了小铭对责任感的遐想。

责任感，是男孩应该具备的优良品质，对自己的行为负责，更是成熟男孩的显著标志，为了引导男孩承担责任，就要鼓励他们自己的责任自己担，自己做的错事自己担，不要忽视，不要推诿，不要不在意。

◆ 引导男孩反省自己的错误

一个男孩，是不是有强烈的责任心，能不能承担起做错事的后果，与家长的教育有很大的关系。如果你认为自己的儿子还很小，很心疼他，即使做错事情也不责怪，所有错误都自己包揽下来，久而久之你的儿子就会认为，自己犯了错家长会承担。慢慢地就会变得胆大妄为，即使知道后果严重也会去做。这样的男孩，将来不但无法做出成绩，还可能屡次犯事，成为家庭和社会的负担。因此，不要认为儿子小、没有能力，就不让他反省自己的错误。越早教会男孩反省错误，他就会越早地学会明辨是非，避免犯错。

路路很懒，周末为了多睡一会儿，经常会将小闹钟拨慢一小时，自己美美地多睡一小时。可是，有一次，他忘了把闹钟调回正常状态。

周一早上，眼看上课时间就要到了，妈妈发现他还在睡觉。妈妈拿过闹钟，立刻明白了是怎么回事。妈妈没有叫醒路路，他依然按照闹钟设定的时间起床上学，当路路像平常一样背着书包来到学校时，第一节课已经结束，被老师狠狠地批评了一通。

回到家后，心情沮丧的路路埋怨妈妈没有叫他起床，妈妈却对他说："儿子，睡觉前为什么不把闹钟调好？总是让别人提醒你做你自己的事，但别人是不可能一辈子提醒你的。你要学会自己提醒自己，这件事既然做错了，就要懂得反省自己的错误。"

从此以后，路路很少再犯同样的错误了。

案例中，男孩路路习惯于让妈妈提醒他做这做那，但妈妈却告诉他：没有人会一辈子提醒他。因此可见，只有让男孩学会不断提醒自己、不断反省自己，他才能更好地成长。

男孩做错事后，家长为他们承担后果，比如：迟到了，妈妈向老师道歉"不好意思，我起晚了"。如此，不仅会让男孩失去责任心，更会使他忽视了对自己错误的认知，从而一而再，再而三地犯相同的错误。明智的家长从来都不会为男孩承担后果，反而会引导他们做出反省。

践行责任——从日常小事入手，提高男孩的责任感

　　责任心是男孩综合素质中极其重要的组成部分，可以促使男孩努力完善自我，可以促使男孩奋发上进。男孩只有具备责任心，才会对自己负责，对他人负责，对家庭负责，对集体和社会、国家负责，做一个有益于人民、有益于集体、有益于国家的人。

　　小孩年少无知，他们的责任心基础不扎实，方向不明，必须依靠家长的耐心培养，使"责任心"牢固地占据他们的心田。所以，明智的家长，在教育男孩的时候，要主动创造机会，让男孩自己去承担责任。

　　一位母亲要带 12 岁的儿子去游乐场，出家门的时候，父亲嘱咐："儿子，你已经是一个小男子汉了，替爸爸照顾好妈妈，记得把妈妈带回家呀。"

　　一路上，儿子一直紧紧牵着妈妈的手，还时不时地问妈妈是否口渴。他认为，他的责任就是要把妈妈照顾好，把妈妈平安带回家。

男孩的责任感只有在反复的实践中才能逐步形成。生活中，家长要敢于给男孩委以"重任"，让男孩感到自己在家中的重要性。别总是认为男孩还很小，做不了，做不好，每一个小的地方，家长都不应放过，更不能怀着"大事化小，小事化了"的心理。

对于男孩力所能及的事，要创造条件有意识地锻炼男孩，让他们学着负责任。只有多为男孩提供实践的机会，他们才能逐渐提高自身的责任意识，通过做事他们就会得到对"责任"的一种宝贵的心理体验，这样的心理体验多了，责任意识自然得到强化和提高。

责任心是男孩健全人格的基础，是能力发展的催化剂。在大力提倡素质教育的今天，家长应用自己的爱心、耐心和智慧去培养男孩的责任心。男孩处于成长之中，对一些事情往往没有责任感，因为许多时候他们不知道责任是什么，为了培养男孩的责任心，家长可以适当地让他们承担一下办事情不负责任的后果，教他们如何去面对并接受这次失败的教训，从中获得成长。

◆互换角色，让男孩当家做主

俗话说：不当家不知柴米贵。很多男孩之所以缺少家庭责任感，原因就是他们没有接触过实际的生活，不知道过日子的艰辛，所以花钱的时候总觉得家长太抠。他们觉得家长的节俭是没有意义的，所以总是大手大脚乱花钱，甚至为此和家长闹矛盾。因此，要想提高男孩的责任意识，就要让他们来当家。

小宏家里并不富裕，但是花钱却很大方，经常买各种各样的东西，还经常请同学吃饭。

家长收入并不高，每次小宏要钱，家长都是把自己平时节省下来的钱给他。

家长叮嘱小宏不要随便请同学吃饭了，毕竟他们赚钱也不容易，小宏却说："同学也经常请我吃饭，虽然我不像他们那么有钱，但是你们也不能让我太丢面子呀。"

家长虽然觉得小宏花钱比较多，但总认为只有一个孩子，不能让他受委屈，也不能让他在外面被同学看不起，只好不断地给小宏钱。但一个普通的工薪家庭怎么能够承担那么大的开销？家长渐渐承受不了小宏毫无节制地花钱了。

男孩乱花钱是普遍存在的问题，尤其是独生子女。许多家长对男孩宠爱有加，男孩要什么就给什么，男孩就变本加厉，内心的欲望不断地膨胀，这样不仅家长无法承受，男孩的心理也会被金钱扭曲。

很多家长意识到了问题的严重性，但是却苦无计策，其实最好的办法就是让男孩自己当家做主。比如，月初把男孩一个月的零花钱交给他，让他自己安排，如果出现超支的情况，家长就要坚持原则，决不再给。

男孩无法明白责任义务，是因为每天力所能及的事也被爸爸妈妈代劳，自己从来没有感受、体验过这种责任感。所以，让男孩当家做主，也是培养男孩责任感的好办法之一。

◆ 为男孩提供做家务的机会

任何事情都有一个循序渐进的过程，家长在收拾屋子、洗衣服、做饭的时候，可以让男孩在自己身边一点一滴地学习；要尽早根据男孩的能力让他们做一些具体的、力所能及的家务。

小逸自 5 岁开始，就负责每天晚饭前将垃圾拎到楼下丢掉，为此爸爸给他规定："倒完垃圾才开饭。"

一天，小逸看动画片入了迷，爸爸几次催他去倒垃圾他都一动不动，本来妈妈想替男孩做一次，但是被爸爸拦下了。结果，按照规定不能开晚饭，所有人都饿着肚子等到晚上7点多。小逸哭着下楼扔了垃圾，回来后爸爸还要求他道歉，因为他耽误了大家吃饭。

经过这次事情以后，小逸把自己的责任看得很重，不管有什么事情，都会按时完成任务，甚至还想了一些办法，比如在动画片开始前就把垃圾倒掉，这样两件事就都不会耽误了。

研究发现：适量劳动可使男孩快乐。为什么说适量呢？如果家务劳动超出了男孩的能力范围，男孩可能由于力量有限或工作程序繁复而未能圆满履行责任。失败经验过多会降低男孩承担责任的动力，打击其自信心，容易令男孩遇事却步，无法承受责任所带来的压力。所以，家长首先要衡量男孩是否可以胜任，再进行安排。这期间一定要遵循循序渐进的原则，不能急于求成。

男孩在不同年龄段适合做的家务有：

2—4岁：收拾玩具；把叠好的衣物放进衣柜，把脏衣服放在洗衣篮里；饭后，把自己的盘子放到水槽；给手纸筒装上新的纸卷；定时给宠物喂食等。

5—7岁：参与超市购物，提出自己的意见；清晨整理自己的床和房间；给地毯吸尘，擦拭踢脚板、饭桌、窗台和窗沿；简单的清扫工作；接电话、打电话、扔垃圾等。

8—10岁：擦拭家具；做简单的食物（鸡蛋炒饭、煮鸡蛋）；饭前摆设饭桌，饭后收拾饭桌；叠好洗干净的衣物，把衣物分类收好；根据购物清单购买日常杂货，会货比三家；扫地、拖地等。

10—12岁：完成自己的任务；帮家长整理家居设施；维护厨房卫生；清洗自家车辆；帮家里购买日常用品等。

家长在给男孩安排布置家务劳动时，除了针对男孩的年龄和能力外，还要遵循以下几条原则：

首先，给男孩选择的机会，让他依兴趣和能力做自己想做、能做的工作。男孩做的时候，大人可以在一旁观察、鼓励或建议，适时地加以协助。如果男孩做得实在不理想，也不要责备他，可以在男孩离开现场后再略加收拾。

其次，工作要有弹性，视男孩当天的情绪及身体状况而定。如果他当天没有兴趣或不舒服，就不必勉强，也不必硬性规定他要在某段时间内做完，以免引起不必要的争执。

最后，当男孩成功地完成任务时，要予以表扬和感谢。久而久之，会使男孩建立自信心，养成良好的行为习惯。

创造条件——给男孩提供照顾长辈及小动物的机会

家长要面对现实，不能期望过高。男孩毕竟是男孩，不会遵守每个诺言。照顾宠物可以带来极大的愉悦感，还能教会他们什么是责任感。要想提高男孩的责任意识，就要为他们创造条件。比如，为他们提供照顾老人的机会，让他们去豢养小动物等。

奶奶晚上出去遛弯，上台阶的时候不小心摔了一跤，脚腕骨折。从医院回来后，奶奶就成了重点保护对象，可是小苇却不屑一顾，甚至还有点不满，因为自从奶奶摔伤了脚腕后，爸爸妈妈的关注点就从他身上转移到了奶奶那儿。

晚饭做好了，爸爸让小苇把饭菜端给奶奶。小苇看了看饭菜，又看了看奶奶的屋子说："不是能动了吗？上午还下地走呢，怎么吃饭就不行了！"爸爸说："可以动，但没法走，你没见奶奶只在自己屋里转……还得借助拐棍。"小苇没好气地说："不就是骨折吗？真娇气！"

看着小苇的神情，爸爸有些生气："奶奶骨折了，让你端端饭，怎么了？可惜了奶奶平时那么疼你！"小苇顶嘴说："我又没求着她对我好！"

"你！"爸爸气极。小苇说："你们只管她，不管我！老不死的！"

"啪！"一个耳光打在了小苇的脸上。

现实中，像小苇这样的熊孩子有很多，一个家庭一个娃，好几个大人围着男孩转，当宝贝疙瘩似的疼着呵护着，这样在男孩心里，只有别人照顾他的责任了。他们一点儿责任心也没有，不懂得照顾家里人。这样的男孩，长大后，还怎么会有责任心？

男孩的责任感只有在反复的实践中才能逐步形成。因此，家长要给男孩提供机会，让他们对家庭、家长、家人承担一些责任。生活中，家长要敢于给男孩委以重任，让他们感到自己在家中的重要性。

对于男孩力所能及的事，要创造条件有意识地锻炼男孩。因为只有多为男孩提供实践的机会，他们才能逐渐提高自身的责任意识。通过做事就会得到对"责任"的一种宝贵的心理体验，这样的心理体验多了，责任意识自然会得到强化和提高。

◆给男孩买个小动物，让他来照顾

孩子们通常都喜欢小动物，男孩同样如此，比如：小狗、鹦鹉等，就是男孩的最爱。为了提高男孩的责任意识，可以为他们买些小动物来让他们照顾。在喂养和照顾的过程中，男孩的责任意识就会逐渐得到提高。

彤彤从小就喜欢小狗，可是由于家里住的是楼房，不方便养狗，因此虽然喜欢，但不能直接在家里养。考虑到姥姥家住在郊区，且是平房，便想让妈妈买一只，放到姥姥家养。

听了形形的想法，妈妈觉得确实是个不错的办法。于是说："小狗可以买，但你得照顾。平时没时间，周末或假期的时候，你就得自己去姥姥家照顾。"形形答应了。

周末，一只小狗就来到了姥姥家。形形非常喜欢，跟小狗热闹地玩着，吃饭的时候，给小狗端点儿；喝水的时候，也会给小狗倒点儿……周日离开的时候，他一个劲儿地叮嘱姥姥，一定要替他照顾好小狗，并答应下周再来。

回到家里后，每天晚上形形都要打电话给姥姥，询问小狗的状况，甚至还打算给小狗买套衣服。

动物都是有灵性的，甚至还更喜欢跟孩子们玩，同样孩子们也乐意跟动物玩。为男孩提供照顾小动物的机会，鼓励他们照顾小动物，他们就会认真做事，在和小动物的接触中，责任感就会一点点积累起来。之后，推而广之，就会应对到亲人、同学等身上。

看到男孩喜欢某个小动物，可以跟他到网上查找资料，提高他们对动物生活习性的认识；

如果男孩想买，就要选个适合他的小动物买下来，让他来喂养；

喂养的过程中，男孩遇到了问题，家长可以提供建议；

如果小动物生病了，要让孩子认真照顾。

◆赋予男孩一个身份，让他变得更有责任感

培养男孩的责任感，不是说他们只应对大事负责，而小事就无关大体。事实上，不能做小事的人也成就不了大事业。俗话说："一屋不扫何以扫天下。"男孩责任感的养成有个渐进的过程，赋予他们一个身份，他们的责任意识就会陡然增加。

　　已经上二年级的小剑很聪明，但妈妈最头痛的是他不爱读书，而且没有什么责任感。

　　这天，小剑同往常一样回到家。一家人在吃饭的时候，妈妈突然想起一个念头来——何不让儿子当我的老师呢，说不定还能培养小剑的责任感。

　　吃完饭后，做完了家务，妈妈检查小剑的作业。妈妈发现他的拼音错了不少，就让他去当一下爸爸的老师，让他一遍一遍地教爸爸读。以前小剑对读拼音十分反感，可现在教爸爸读拼音，他一直不厌其烦地读，到要睡觉的时候才想起来："妈妈，我忘看电视了。"

　　妈妈一看儿子的认真劲儿，不由偷着乐，决定再让小剑当自己的老师，培养他读书的兴趣和习惯。于是对小剑说："儿子，你这么聪明，教妈妈英语好不好？"

　　小剑说："不行，我又懂得不多。"

　　妈妈鼓励他说："行的，儿子。在学校，老师教你什么，你回家就教妈妈什么，妈妈保证能学会。"小剑一听，快乐地答应了。

　　就这样，每天妈妈都跟小剑读半个小时的英语，小剑越教越认真，因为要回家教妈妈，所以在学校里上课也变得十分认真。一学期下来，小剑就养成了一回家就读书的好习惯，每门功课成绩都不错。

责任感是一种非常重要的素质，是做一个优秀的人所必需的。要想提高男孩的责任意识，就要给他们一个身份。

如果想让男孩做饭，就要让他来当家里的"厨长"；

如果想让男孩对班级负责，就要鼓励他争当班干部；

如果想让男孩照顾年龄小的弟妹，就要告诉她：你是哥哥，必须照顾弟弟妹妹；

如果想让男孩协助你工作，就要给他安排一个职务，比如：助理、文员等。

有了这样的身份认知，男孩就会提高做事的主动性，效果也会更好。

第十二章

领导力：提升领导力，把男孩培养成"领头羊"

鼓励竞选——激发男孩的表现欲，鼓励他们去竞选

竞争的力量会让一个人发挥出巨大的潜能，创造出惊人的成绩，不鼓励男孩参与竞争，就很难开发出他们的潜能。在这个发展迅速的年代，激烈的竞争已经无处不在。世界范围内竞争的普遍性和激烈性，使许多家长都感受到了培养男孩竞争意识和竞争能力的必要性和迫切性，从小培养男孩的竞争意识，不仅能促进他们积极成长，更能决定他们未来的命运走势。

小中初中毕业后，从农村来到市里的重点高中上学。由于以前学校的教学质量不是很好，进入重点高中之后，他觉得有些无法适应。尤其是英语课，他觉得自己总是听得云山雾罩，不知所云。

第一学期期末考试，他竟然所有的功课都不及格，最惨的一科是英语，只得了 36 分。这一结果对小中的打击很大，他觉得农村孩子始终比不上城市孩子，变得自卑和苦恼起来。于是，他就开始到小说里寻找自己的心灵寄托，喜欢上了虚无缥缈的感觉，沉溺其中不能自拔。结果，成绩更加糟糕，差点儿被学校开除。他觉得与其在这里丢人现眼，还不如去退学。

爸爸知道他的想法后，对他说："放弃学业，同战场上的逃兵有什么两样？即使你暂时能够逃避学习的竞争，步入社会后，还能逃避社会竞争吗？难道你真想一辈子当一个逃兵？"

爸爸的这句话，一下子激起了小中强烈的自尊心："逃兵？我怎么会是逃兵？逃兵会被人说三道四的，我绝对不做逃兵。"就这样，为了不让自己成为逃兵，小中树立了坚定的信念，开始刻苦学习。

其实，小中并不笨，刚开始成绩不好，只是因为他还没有适应新环境。树立了竞争意识，不甘心学习落后于人，决心超过别人，成绩自然就提高了。

从这个事例可以看出，在暂时落后的时候，如果小中不想和别人竞争，一味地逃避，他就不会得到现在这样好的成绩，只能是个逃兵。

鼓励男孩参与竞争，可以增强男孩的自信心。男孩在竞争中表现出来的精神和才能，会使他们对自己做出肯定的评价，激发他们进一步奋发向上；可以克服男孩的胆怯、保守和自卑，激发出强烈的求知欲望。此外，还可以提高男孩的耐挫能力。

在实际学习、生活中，如果男孩的学习或某项活动甘心落后，不敢竞争，表现出动摇、胆怯、逃避等消极意志，家长就要让他们明白：竞争是现代生活中不可或缺的内容，敢于竞争是现代人基本的生存能力。为了让男孩在竞争中体现自我，从竞争中走出精彩人生，就要鼓励他们参与多种形式的竞争活动，让他们尽可能地在竞争中摔打，经历成功和失败的考验。

◆引导男孩向竞争对手学习

面对学习竞争对手，把对方当成自己的死敌来看待，害怕对方超过自己，采取不正当的方法来应对，最后导致形同陌路人，这种方法不可取。竞争对手是一面镜子，能照到自己的不足，更能完善自己。

新学期开始后，读初一的小斌决心要将自己的学习成绩提升到班里前五名。

爸爸说："现在班里的前五名同学就是你的竞争对手，要想赶上或超过他们，首先得了解他们，虚心向他们学习。你们班前五名同学都是谁，你知道吗？"

小斌说："我知道。"接着，他说出了前五名同学的姓名。

爸爸又问："第五名同学与你相比，有哪些优点？"

小斌说："他爱好学习，学习主动、刻苦；课堂上勇于发言，弄不懂的问题虚心向老师和同学请教。"

爸爸又问："第四名同学和你相比，有哪些优点？"

小斌说："她课堂听讲注意力高度集中，对知识不死记硬背，能举一反三。"

爸爸又问："第三名同学与你相比，有哪些优点？"

小斌说："他非常珍惜时间，也很有毅力，对疑难问题从不放过，直到钻研明白、弄懂弄通为止。还有，他总能按时完成作业，还喜欢看课外读物。"

爸爸接着又问："第二名、第一名同学与你相比有哪些优点？"

小斌一一做出回答。

爸爸说："现在你知道应该怎么做了吧？记住，知己知彼，才能百战不殆。"

小斌恍然大悟，信心十足地说："爸爸，我明白了。你瞧好吧！"

爸爸充满希望地看着儿子说："好儿子，我相信你能成功。"

在爸爸的启发和帮助下，小斌看到了竞争对手的优势，找出了自己存在的差距，努力学习，自身潜能得到了充分发掘，成绩提高很快，期末考试一跃名列全班前茅。

向竞争对手学习，不仅是方法的问题，还是视野的问题、思想的问题、境界的问题。引导男孩学习竞争对手身上的优点，把对方当成自己学习上突破的一个动力，他们就会收获人际和学习的双丰收。

把竞争对手看作是学习上的伙伴和朋友，不但会使男孩受益匪浅，也有利于他人的学习。学会处理竞争与合作的关系，会为男孩以后的学习和工作奠定良好的基础。面对学习上的竞争对手，家长应该引导男孩：不要怀着敌对的心态，要将他们看作学习的动力、目标和榜样。同时，要告诉孩子：竞争是激烈的，但要积极学习竞争对手的优点，主动与对手合作，向对手请教问题；要辩证地看待竞争，不能局限于"争"这一层面。

◆培养男孩良好的竞争心态

鼓励男孩参与竞争，就要有意识地给他们灌输正确的竞争理念，因为获得竞争能力的首要条件就是要具有正确的竞争心态。要告诉男孩：输赢不重要，输了吸取经验，重新参与竞争，赢了戒骄戒躁，切勿轻视对手。

小恬虽然只有七岁，但个性比较强，无论遇到什么事情，都喜欢争第一，如果拿不到第一，他就会哭闹不已。

有一次，小恬与小峥比写字，一个同学当评判。同学拿着两个人的字认真比较一番后，说小峥写得比小恬好，话音刚落，小恬就哭了起来。

看到儿子争强好胜，妈妈及时地对他进行了引导。告诉他："每个人都有长处，如果不服气，可以暗下决心，努力练习，争取在下次的比赛中超过对方。"

小恬听从了妈妈的话，开始认真练字。一周后，小恬又与小峥同学比赛，依然由上次那个同学做评判。这一次，小恬的字写得比较好。

作为男孩的第一任老师，家长在培养男孩健康的竞争心态上发挥着极为重要的作用。在培养男孩竞争意识的过程中，要让男孩明白，竞争不是狭隘的，应具有广阔的胸怀；竞争不是阴险的，不能暗中算计人，应齐头并进，用自己的真实实力超越对方。

一味追求击败别人、打击对手，很容易造成不良的人际关系，不利于合作精神形成，是一种狭隘的意识。同时，总追求胜过别人，无法承受失败的体验，久而久之，就会影响到心理健康。因此，家长要多引导男孩与自己比较，从实际出发，不断进步，与惰性做斗争，与困难做斗争，不断超越自我。

同时，还要教育男孩正确对待竞争中的得与失。成功了，不骄傲，居安思危；失败了，不灰心，愉快地接受他人先于自己成功的事，要发自内心地羡慕、佩服优胜者，并将他们当作是自己学习的榜样。

积极组织——引导男孩组织大家一起做，提高组织力

在一群男孩中，总有几个男孩很有号召力。他们能组织集体活动、带领同伴游戏，小伙伴们也乐意同他交谈、玩耍。他们有更多的机会展现自己的才能、得到锻炼，家长们都很是羡慕，希望自己的儿子身上也能具备这种能力。其实，要想提高男孩的组织能力，完全可以试着让他去组织一些活动，让大家来一起做。

一个男孩第二天要竞选班长，他问："爸爸，您说我能选上吗？"

爸爸想了想，说："那要看你的能力了，你觉得你有什么优势？或者说当上班长后，你打算怎么做？"

"这个……"男孩想了想说，"如果我当了班长，要做很多事情，例如，先给老师当个小助手；然后，把班级卫生搞好，争取多得几次'流动红旗'；处理好同学之间的关系，让同学一帮一，一起提高学习成绩……"

听了儿子的一番话，爸爸鼓励道："你明天一定能选上。"

果然，第二天男孩高兴地跑回家说："爸爸，我选上了。"

看到这个故事，我们可能会怀疑，为什么爸爸这么肯定儿子一定会选上呢？因为男孩说出的计划都充分表现了领导者应该具备的能力——组织协调能力。

组织协调能力是领导者应该具备的核心能力，包括：团队合作意识、处理矛盾纠纷的能力、带领团队共同进步的能力。案例中的男孩，做了充分的思想准备，竞选成功完全在爸爸的意料之中。要想把男孩培养成一个未来的领导者，就要努力培养他的组织协调能力。

现实中，很多家长一味地要求男孩要争气、要有出息，可是有几个家长用心培养过男孩的领导才能？很少有家长会培养男孩的领导力，但却一直想让其成为佼佼者。

◆鼓励男孩做班干部

走进集体后，男孩会关心一个问题：谁是班干部。而且，所有的男孩在竞选班干部的时候，都会表现出浓烈的兴趣。如果想提升男孩的组织能力，就要鼓励他们做班干部。

放学回家，小峰高兴地对妈妈说："妈，我们班下周要竞选班长，我也想参加竞选。"妈妈皱着眉头，告诉他："你现在哪有时间啊，学习那么紧，周末还有辅导班，哪里还有什么心思参加竞选，选上了哪有时间去当班干部？"

小峰保证说："我知道妈妈担心我学习，但是你放心，我会安排好学习和班干部的工作，保证不会影响。"小峰还没说完，妈妈就生气地说道："我发现你是个官迷啊，你要是真的想当官，就更应该一门心思学习。我警告你，以后不许给我提竞选班干部的事情了。"

相信有些家长都是这样的，对男孩竞选班干部有所顾虑，怕男孩耽误学习。但是，我们也不能因此挫伤男孩竞选班干部的积极性。其实，很多优秀的领导和管理者，都是从小开始锻炼的，他们曾经都有过当班干部的经历。

有的家长出于各种各样的考虑，比如：怕男孩影响学习，怕得罪人等，往往不支持男孩担任职务。殊不知，在班里担任一定的职务，不但可以培养男孩为他人服务的意识，还可以锻炼他的组织能力，并可培养高度的责任心，同时还可以在同伴中树立威信，使男孩增强自信心。因此，作为家长，当男孩告诉你要竞选班干部的时候，一定不要扼杀他们的这种欲望，相反要好好鼓励，让男孩在班级中崭露头角。

◆培养男孩的组织能力

犹太家长会把每年的度假项目全权交给男孩来打理，由他们负责制定全家的度假计划，让他们自己在网络上收集度假地的相关信息和攻略。在收集信息的过程中，男孩要对各地的旅游特点、报价、季节等信息进行整理、分析、归纳，最后形成一个小报告，声情并茂地对全家人进行汇报。以此为借鉴，家长培养男孩组织能力时，也可以从家庭入手。

儿子七八岁的时候，一次杜先生看见他在楼下和几个小朋友玩，杜先生就鼓励儿子说："你看那几个小朋友，他们都比你小，需要你带着他们去玩。带他们一起玩吧，他们肯定会越来越喜欢你。"在杜先生的鼓励下，儿子走到小朋友面前，说："我昨天刚从电视上学会了一个新游戏，我教给你们……"然后，儿子就开始组织小朋友们一起玩。

不仅如此，在家的时候，杜先生经常会有意识地让儿子组织家人去做事情。一个周末，杜先生对儿子说："儿子，今天就由你来组织大家打扫卫生吧。"接到这样的任务，儿子很开心，说："爸爸，没问题。"然后，儿子开始在头脑中搜索杜先生平时组织打扫卫生的情景。

策划好后，儿子就将爸爸妈妈叫到一边，分配任务。儿子一本正经地说："首先，咱们打扫卧室，一共3个卧室，正好一个人一间；然后爸爸打扫餐厅，妈妈打扫厨房，我打扫卫生间，最后咱们一起打扫大客厅。好了，分配完毕，开始行动吧。"听到儿子的分配，杜先生和妻子高兴地开始大扫除了。

拥有组织协调能力不仅有利于男孩顺利完成任务，还有利于男孩与同伴之间友好相处，更是培养男孩领导能力必不可少的一个环节。在平时，家长一定要有意识地锻炼男孩的组织能力，放手让男孩去组织一些活动，比如：大扫除、家庭聚会、郊游、购物、节假日活动等。随着时间的推移，男孩的组织协调能力就会越来越强，成为一个有领导力的人。

多加表达——鼓励男孩多说话，完善自己的表达力

学会说话，学会演讲，是男孩将来事业成功的关键；而引导他们完善表达能力，就要提前至儿童早教时期，在家庭教育中培养，不能光靠教师的书面教学。学前期是男孩口头语言发展的最佳期，语言教育不仅对他们一生的口语表达能力起着重要作用，还对其认知能力、社会性及情感的发展都有积极影响。因此，要想提高男孩的表达力，就要鼓励他们多说话。

这个月，幼儿园里要举行讲故事比赛，老师让每个孩子都准备一个故事，要求每个人都必须参加，看看谁是"故事大王"。回到家中，老王就给儿子选了一个不长且容易讲解的故事。在反复练习了很多天后，儿子还是磕磕巴巴，连一句完整的话都讲不下去。短短三分钟的小故事，儿子硬是站到那里磕磕巴巴地讲了十多分钟。老王尽量把每一句话都变得更加简单，可依然不行。

老王问儿子："你讲不下来，是不是站在那里太紧张了？"

儿子反问老王："爸爸，什么是紧张？"

"就是你站在那里，觉得有点儿害怕，有点儿不好意思。"

"没有啊！"儿子大大咧咧地告诉老王。

老王依然不死心，儿子的练习持续了半个月多，终于等到讲故事比赛的那一天了。

老师特意邀请家长观摩，老王发现，很多孩子都讲得不错。尤其是一个和儿子差不多的小姑娘，吐字十分清晰，虽然故事很长，但讲得绘声绘色。相反，儿子站在台上却磕磕巴巴，东一句，西一句，废了好大力气，才将一个小故事讲完。

老王无限感慨，为啥五岁的男孩，连一个小小的故事也讲不好？

其实，这就是男孩表达能力的缘故。

语言是表达思想、与别人进行交际的工具，语言教育包括倾听、表达、早期阅读和写前准备等四大方面，家长要为男孩创造一个自由、宽松的语言交往环境，发展男孩的语言理解和表达能力，养成男孩对阅读和书写的兴趣，帮助他们熟悉、听懂并学说普通话。

语言表达力不强，就无法表达自己的内心想法，就无法与他人沟通、交往……苏联教育学家苏霍姆林斯基曾说："语言是智力发展的基础，也是所有知识的宝库。"男孩的表达能力，直接影响着男孩的成长，因此家长一定要想办法，积极引导，培养男孩提高语言表达能力。

◆ **多给男孩提供说话的机会**

语言表达能力的培养也是男孩提高领导力的一个重要环节。性格开朗的男孩，他的语言表达能力一般都很强，能够表达出自己的想法，能够将一件事情描绘得绘声绘色；而性格内向的男孩，表达能力都不是很强，所以很少说话。男孩，多给他们提供发言的机会，鼓励他们多说话是很重要的。

小颜是个不爱说话的小男孩，平时家长问他一句他才回答一句，有时甚至一句都不回答。他从来没有像其他小朋友那样，像个小话匣子一样，有说不完的话，总是表现得很沉闷。

为了提高小颜的表达能力，妈妈就利用睡前给他讲故事的机会，与儿子对某一则故事进行探讨，有的时候还会让儿子复述故事的内容。刚开始的时候，小颜总是讲不好，但是在妈妈的鼓励下，说得越来越好了。

小颜还经常给小同学讲一些好听的故事，同学们都夸他的故事讲得很生动、有趣，还叫他"故事大王"，他非常高兴。慢慢地，他变得越来越自信了，还参加了故事比赛，还经常得奖。

小颜以前很不爱说话，在妈妈的帮助下，语言表达能力越来越强了，也得到了同学们的夸奖，他也变得爱说爱笑了，慢慢形成了开朗活泼的性格。由此可见，表达能力的提高完全可以通过后天的教育进行。

善于表达的男孩，在生活中更容易引起人们的关注，得到众人的赞赏。在生活中，他们总会洋溢着天真烂漫的笑容，让人感觉很舒服。所以，家长一定要努力培养男孩流畅的表达能力，鼓励他们健康快乐地成长。

◆ **做些多彩的语言游戏**

要想提高男孩的表达能力，可以多跟他们玩一些语言游戏。

小纲是个能说会道的小家伙，别看才六岁，嘴皮子的功夫非常好。他之所以有这么高的语言表达能力，都要归功于爸爸的教育。在小纲四岁的时候，爸爸就开始有意识地锻炼他的语言表达能力。每天晚上，一家三口都会一起玩文字游戏，当时玩的很多，其中最常玩的那就是成语接龙、绕口令等。

第一次玩成语接龙的游戏，小纲年纪比较小，爸爸对他的要求不高：四个字、通顺。可是，即便如此，小纲也跟不上节拍，但他很细心，玩了几次后，自己就悄悄地记下了很多成语。

此外，他们一家人还特别喜欢玩绕口令的游戏。爸爸教给小纲的第一个绕口令，就是：

肩背一匹布，

手提一瓶醋，

走了一里路，

看见一只兔，

卸下布，

放下醋，

去捉兔。

跑了兔，

丢了布，

洒了醋。

刚开始，小纲不是把自己绕晕了，就是一口气下来，不知道说的是兔、布还是醋，惹得大家笑作一团。渐渐地，练习多了，小纲的吐字越来越清晰，比较长的、有难度的绕口令，也能清楚地读下来。

文字游戏是锻炼男孩语言表达能力的一个方式，家长可以尝试一下，可以根据实际情况，有选择地教男孩绕口令。如此，不仅有利于男孩口头语言能力的培养，还有利于锻炼男孩思维的敏捷和清晰度。

此外，还可以玩的游戏有：

以字找词。所谓以字找词，就是确定一个中心字，然后寻找相关的词。例如，以"电"字为中心，可以找出许多与"电"相关的词，如电灯、电话、电器、电烤箱等。这对丰富男孩的词汇，培养男孩发散思维能力极其有利。

接字游戏。就是，将所有的词前后相连在一起，形成一串词，例如，"电灯"下面就可以接"灯泡""泡泡糖""糖果""果肉"等。

重视形象——优化个人形象，让男孩更具领导气质

形象是男孩社交最重要的一步，一个人的形象等于是自身的名片，出门在外，男孩这张"名片"，无论外形、大小、配色、字体都不能太难看。优质的男人，一般都非常注重自身的形象建设。形象问题，直接关系着男孩长大后能成为一个什么样的人。所以，在男孩很小的时候，就要注意对他们的形象进行管理，正确引导男孩不断优化个人形象。

小川是一个粗枝大叶的男孩，一直都不注意个人的形象问题。妈妈为他操碎了心，磨破了嘴皮子。

小川上初中后，在妈妈的多次劝说下，已经开始注意自己的形象问题。但是，为了追赶潮流，小川喜欢上了个性时装。于是，周六小川总会跟妈妈要钱去买一些新款衣服。

妈妈并不反对小川买衣服，但是买回来的衣服都是特别个性的，比如：裤子自膝盖以下全是透明的，或者全部是窟窿，妈妈不得不反对。但是，小川对妈妈的话不以为然，他不仅穿衣服个性，还悄悄地留起了头发。无论妈妈怎样催促，小川都坚持不理发。

留着长发，扎个小辫子，他还且振振有词，说："这是艺术家的作风，你不懂。"

妈妈很生气，告诉小川："必须马上理发，把那些不伦不类的衣服都扔掉，以后再这么穿，我就不给你钱买衣服了。"小川听到后，声音也高了几度："别人的衣服都很时尚，如果我的衣服不时尚，就没有同学跟我玩了。"

"看别人穿什么就穿什么，是时尚吗？那是随波逐流，连个性都没有，还时尚呢？"

小川脸憋得通红，大声吼了一句："不让买就不买。"吼完后，就跑出了家门。

到了三岁以后，男孩就会开始形成自我的审美意识。随着年龄的增加，他们会对穿衣打扮产生浓厚的兴趣。当男孩开始对自己审美有所意识的时候，就会突然产生很多稀奇古怪的想法，比如，要穿有补丁的衣服；要穿个性、前卫的衣服；校服真的很难看……当然，随着男孩年龄增大，他们的审美意识也会给家长带来很多烦恼，家长一定要积极引导男孩建立起正确的审美意识。

◆ 注意个人形象，就从讲卫生开始

家有男孩的家长都会有这样一种感觉：无论儿子长得如何，只要他干净整洁出现在大家面前，他都会成为很受欢迎的那一个，而家长也会为此为儿子感到骄傲；反之，邋里邋遢地出现在众人面前，即使他长得很帅气，也很难得到他人的喜爱，家长自然也会觉得没面子。

当然，除了家长的面子问题外，男孩不讲究个人卫生、不注重仪表美，还会给男孩自身带来诸多问题。比如，不讲究个人卫生的男孩，很容易患

上肠道疾病；不讲究仪表美的男孩，很难被周围人接受，无法赢得好人缘……

　　小町就是一个不爱讲卫生的男孩，虽然已经 10 岁了，但一点也不懂得讲卫生，例如：吃饭时不洗手，洗完脚还没穿鞋就在地上走，垃圾果皮随手就扔……周末的时候更是过分，出去玩一天，浑身上下弄得跟一个小泥猴似的，毫不在乎。

　　为了让他养成讲卫生的好习惯，妈妈想了很多办法。在妈妈不厌其烦的劝说下，小町终于养成了讲卫生的好习惯。

　　妈妈告诉小町："起床后，一定要把自己的脸好好洗干净。"小町乖乖地去洗脸，没过一会儿就洗完了。妈妈仔细看了看他的脸，居然发现，儿子只清洗了脸颊，没有洗额头。不得已，儿子又洗了一遍，才洗干净。

良好的卫生习惯是保证男孩身体健康的必要条件，不讲卫生，容易增加男孩的健康隐患。男孩越不爱讲卫生，家长越应当引起注意。小时候，家长认为男孩还小，不懂得讲卫生，长大了就好了。其实，坏习惯一旦养成很难改变。家长应当通过生活中的小事来培养男孩讲卫生的好习惯，如果男孩不讲卫生，一定不能迁就。

　　另外，当男孩不讲卫生时，不要一味地抱怨和指责，应当及时采取积极措施促使男孩改变，要引导他们把脸洗干净。切记，引导男孩讲卫生，家长不仅要提要求，更要将具体的方法教给他们。

　　总之，要想提高男孩的领导力，就要引导他们重视个人卫生，不能邋里邋遢。

◆培养儿子正确的审美意识

审美品位最能反映一个人的气质，男孩审美品位的层次越高，个人气质也就越好，那么在生活中家长应当如何培养并提升儿子的审美层次呢？

有一天，儿子回家后问郭女士："妈，是不是穿上个性的衣服后，就会变得更有魅力呢？"郭女士猜想，儿子肯定是听同学说了什么，便问："儿子，是不是同学说穿个性的衣服才会有魅力？"儿子点点头："我们班长说我的衣服一点也不个性，漂亮的、有个性、有窟窿的衣服才有魅力。"郭女士不能确定是不是班长说的，但确定儿子想把自己打扮得有魅力些。

一天，郭女士到市场买来了各种颜色的毛线，为儿子织了一件毛衣。同时，还利用各种颜色的毛线，在衣服上勾了一些可爱的卡通形象。衣服看起来既可爱又时尚，儿子穿在身上，平添了几分活力与灵气。

第二天放学回家，儿子非常兴奋。他告诉郭女士："妈，同学们都说我的衣服漂亮。"郭女士问儿子："你还想买漂亮的、个性的衣服吗？"儿子摇摇头："妈妈给我织的衣服才是最漂亮的，为什么还要买衣服呢？"

男孩因为年龄小，判断能力弱，很容易建立起错误的审美观，比如：认为鲜艳的衣服就是美的、个性的就是有魅力的等。对此，家长不要进行粗暴的干涉和批评，可以试着转移儿子的视线，帮助儿子建立正确的审美观。平时，家长可以让男孩多学一些美学方面的知识，比如：什么样的装扮比较阳光，怎么说话才有气质等。

美学知识的传授可以提及仪态、仪容、形体、修饰、造型等诸多方面，要让男孩了解怎样的美才算"真美"。比如，可以鼓励他们多参加体育锻炼，让形体变得更加健壮；让男孩多看一些书籍和报纸，让他们的言语变得更加有魅力；让男孩注意卫生，保持仪容美……通过这些方面的引导，就会帮男孩树立正确的审美观。